AF550617
www.entdecke.de

Entdecke das Korallenriff

Clownfisch, Krake und Co

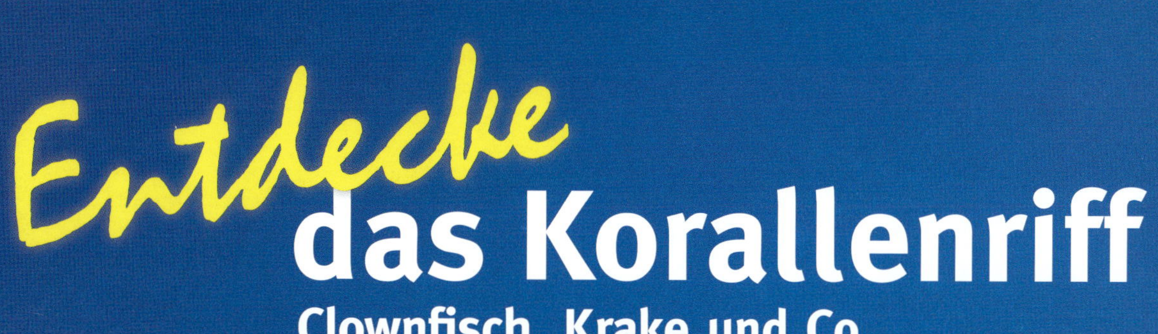

Daniel Knop

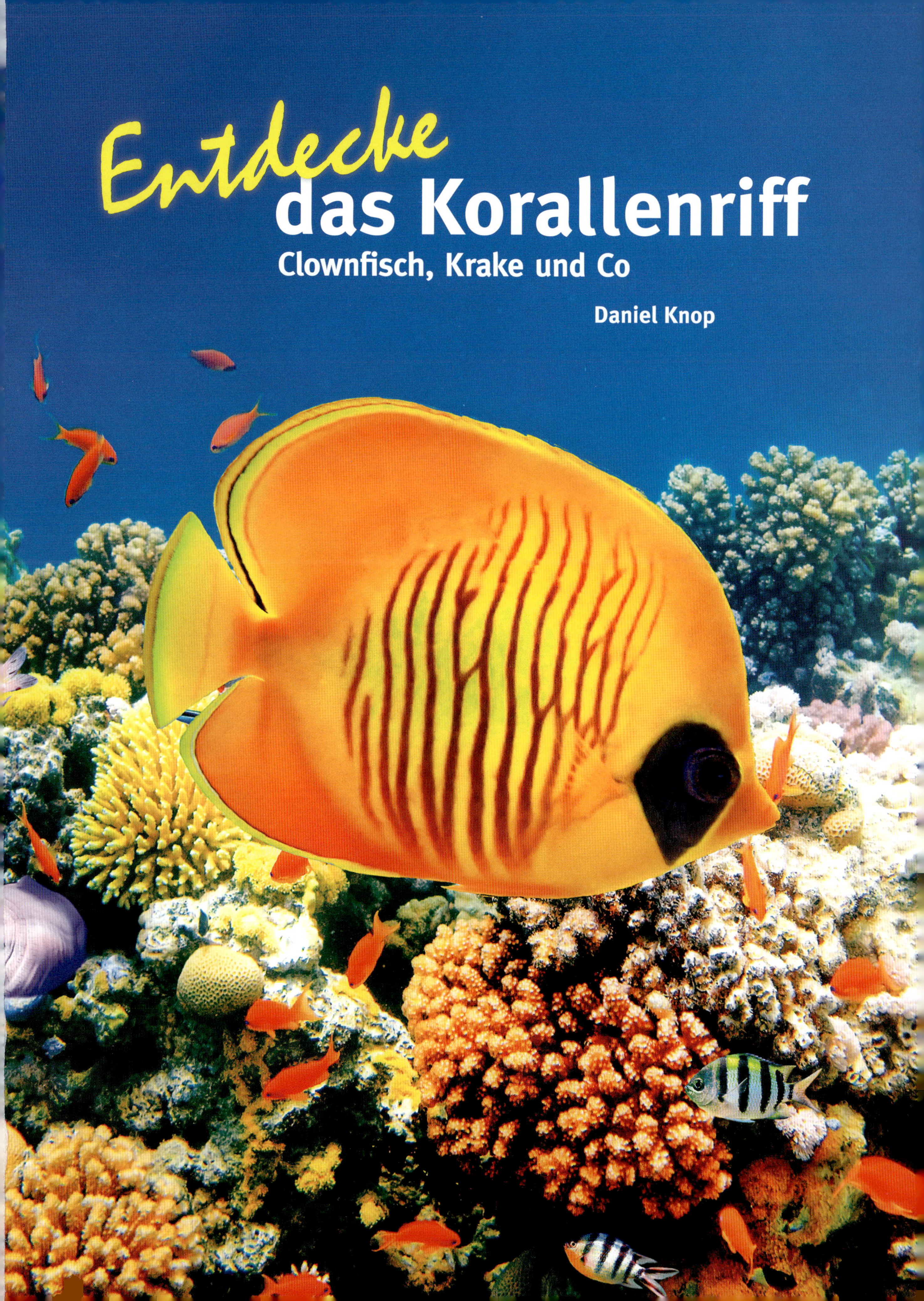

2. Auflage 2025

ISBN: 978-3-86659-476-0

An der Kleimannbrücke 39/41
48157 Münster
Tel.: 0251-13339-0, Fax: 0251-13339-33
E-Mail: verlag@ms-verlag.de
Home: www.ms-verlag.de
Geschäftsführung: Matthias Schmidt
Layout: Michael Kolmogortsev
Lektorat: Kriton Kunz
Druck: Drusala, Dobrá

Alle Fotos und Grafiken ohne Bildnachweis vom Autor

Titelbild: Clownfisch in Wirtsanemone (shutterstock: Sonja Ooms) | Korallenriff (Werner Fiedler)
Rückseite: Seestern *Pentagonaster duebeni* (Rolf Hebbinghaus)
Vorsatz: Nahaufnahme einer Pilzkoralle (mauritius images: Pacific Stock / Dave Fleetham)

shutterstock
S.1: Vlad61
S.4 unten: superjoseph
S.5 rechts: frantisekhojdysz
S.7 rechts oben: Mari-Leaf
S.55 rechts unten: Peter Douglas Clark
S.64: Richard Whitcombe

mauritius images
S.6–7 Reinhard Dirscherl

Sonstige
S.61 oben: Christoph Keß

Inhaltsverzeichnis

Willkommen in der Welt der Korallenriffe!

Fische im Riff nennt man Korallenfische, weil sie in der Nähe von Korallen leben. Hier finden sie auch jeden Tag etwas zu fressen.

Welches ist wohl das größte Bauwerk der Welt? Wenn Du jetzt überlegst, welcher Wolkenkratzer in Amerika oder Singapur am höchsten sein mag, liegst Du völlig falsch. Das größte Bauwerk haben nämlich nicht Menschen geschaffen, sondern Tiere: Es steht unter Wasser und ist ein Korallenriff!

Dieses gewaltige Bauwerk heißt Großes Barriere-Riff und liegt vor der australischen Meeresküste. Es ist etwa 2 000 Kilometer lang und so groß, dass man es sogar vom Mond aus sehen kann!

Erstaunlicherweise sind die Baumeister, die ein Korallenriff entstehen lassen, winzig klein, meist nur wenige Millimeter groß. Es sind Tierchen, die Korallenpolypen heißen. Milliarden solcher Polypen arbeiten im Meer zusammen und erschaffen die großen Riffe. In diesem Buch verraten Dir das schlaue Eulchen Xabi und ich, wie sie das tun und was das überhaupt für Tiere sind.

Nirgendwo anders auf der Welt leben so viele verschiedene Tierarten zusammen wie in einem Korallenriff. Dazu gehören ganz unterschiedliche Tiergruppen, eine farbenprächtiger als die andere. Und sie haben unglaublich raffinierte Tricks entwickelt, um zu überleben: Sie schummeln und schwindeln, schießen mit Wasserpistolen oder feuern Giftpfeile ab, verkleiden oder verstecken sich. Aber sie helfen sich auch gegenseitig, putzen, füttern oder beschützen einander. All dies und noch viel mehr wirst Du in diesem Buch miterleben.

Ich selbst habe die Riffe vor ungefähr 30 Jahren kennengelernt. Sie haben mich so sehr fasziniert, dass ich es zu meinem Beruf gemacht habe, sie zu fotografieren und über sie zu schreiben. Vielleicht wirst Du ja auch ein bisschen von dieser Begeisterung spüren, wenn Du dieses Buch liest.

Und ganz sicher kannst Du hinterher bei einem Besuch in einem Zoo-Aquarium manche der Tiere aus diesem Buch wiedersehen. Vielleicht machst Du ja sogar einmal mit Deiner Familie Urlaub an einer tropischen Meeresküste und siehst sie dort in ihrem Lebensraum. Diese Tiere kennenzulernen, ist sogar der erste Schritt dazu, sie selbst und die Riffe zu schützen. Baba Dioum, ein berühmter Forscher aus dem afrikanischen Land Senegal, sagte einmal: „Letztlich werden wir etwas nur dann schützen, wenn wir es lieben. Um es zu lieben, müssen wir es kennen. Und wir kennen nur das, was wir selbst gesehen und erlebt haben."

Das Great Barrier Reef ist das größte Bauwerk der Welt und liegt vor Australien

Ein Schatz für alle

Korallenriffe gehören zu den größten Naturschätzen der Welt. Es ist sehr wichtig, dass wir alle sie beschützen und für die kommenden Generationen bewahren, nicht nur für Deine Kinder und Enkel, sondern auch für alle Menschen danach.

Zwischen den Korallen können sich die Jungfische in großer Zahl verstecken, um von Räubern ungestört heranzuwachsen

So wunderschön sieht es in einem Korallenriff in der Südsee aus

Korallen, die großen Baumeister

Korallen sind ein überaus spannendes Thema. Du weißt ja nun schon, dass Korallen aus vielen winzig kleinen Polypen bestehen. Einen einzelnen Korallenpolypen kannst Du Dir ungefähr wie eine Socke vorstellen oder wie ein kleines Säckchen: Oben in der Mitte ist eine Öffnung, die Mundöffnung, aber unten ist er geschlossen. Am Oberrand siehst Du Tentakel, das sind kleine Fangarme, mit denen der Polyp Nahrung aus dem Wasser greifen kann. Manche sehen damit aus wie eine winzige Blume.

Wenn ein solcher Polyp etwas gefangen hat, schiebt er es durch die Mundöffnung in sein Inneres, das hier im Bild wie ein blauer Schlauch aussieht. Darin sind Verdauungsorgane, die die Nahrung zersetzen können, wie bei uns Menschen im Darm. Anschließend werden die Reste durch dieselbe Öffnung wieder nach draußen befördert, damit sie mit der Wasserströmung fortgetragen werden.

Korallen bestehen aus vielen winzig kleinen Polypen. Wenn wir Eulen so etwas machten, sähe das ungefähr so aus ...

Geweihkorallen sind Steinkorallen und kommen in Korallenriffen besonders häufig vor

Hier siehst Du einzelne Polypen einer Koralle. Mit ihren jeweils acht Tentakeln fangen sie Plankton.

Und so ist ein Korallenpolyp augebaut

An diesem Skelett einer abgestorbenen Steinkoralle kannst Du die einzelnen Koralliten erkennen, die runden, becherförmigen Wohnungen, die sich die Polypen gebaut haben

Diese Steinkoralle ist lebendig, und Du siehst das braungrüne Gewebe der Korallenpolypen

Steinkorallen

Manche Korallen heißen Steinkorallen, weil sich ihre Polypen eine becherförmige Wohnung aus steinhartem Kalk bauen. Einen solchen Kalkbecher nennt man Korallit. Millionen dieser Koralliten sind aneinander befestigt, nebeneinander oder übereinander. Sie alle zusammen und die Polypen, die darin leben, bilden das, was wir Koralle nennen. Steinkorallen können Kugelform haben, astförmig wachsen oder Platten bilden.

Die einzelnen Polypen leben nicht sehr lange, und wenn einer gestorben ist, bleibt sein Korallit leer zurück. Aber schon kurz danach kommt die nächste Generation und baut darauf ihre neue Korallitenschicht. Deshalb sieht man auf der Oberfläche der Koralle immer lebende Polypen, obwohl darunter die leeren Koralliten der früheren Polypengenerationen sind.

Weil oben drauf immer neue Schichten entstehen, wächst die Koralle und wird mit der Zeit immer größer. Dazu müssen sich die Polypen aber vermehren. Das können sie zum Beispiel dadurch, dass sie sich in der Mitte teilen, sodass aus einem Polypen zwei werden.

Diese vielen Korallenpolypen sind in ihrem Skelett aber durch ein Netzwerk miteinander verbunden, das fast an ein Computernetzwerk erinnert. Darüber können sie nicht nur Informationen austauschen, sondern auch Nahrung. Wenn also ein Polyp viel Nahrung gefangen hat, kann er sie mit anderen Polypen teilen, die nicht so viel Glück hatten – zum Beispiel weil sie ganz unten an der Koralle leben, wo nicht so viel Planktonnahrung hinschwimmt.

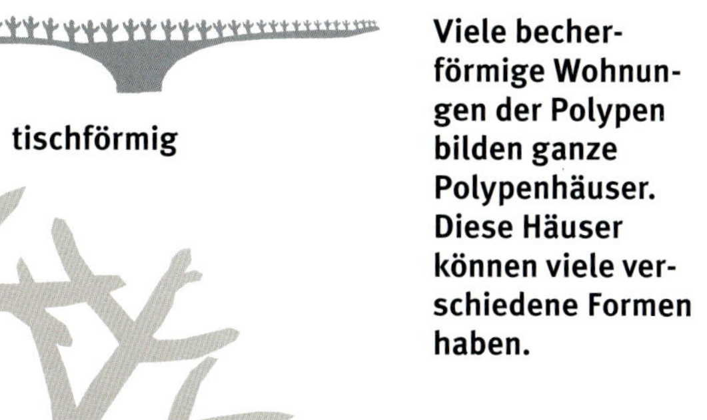

Viele becherförmige Wohnungen der Polypen bilden ganze Polypenhäuser. Diese Häuser können viele verschiedene Formen haben.

Gemüsegärtner

Die meisten Korallen haben eine raffinierte Strategie entwickelt, um sich zu ernähren. Sie beherbergen winzige, mikroskopisch kleine Algen in ihrem Körper, die sich dort vermehren und Nährstoffe für die Korallenpolypen produzieren. Das ist im Prinzip, als hätten sie einen eingebauten Gemüsegarten. Nahrung, die sie aus dem Wasser fangen, ist nur ein Zubrot. Diese Methode, sich vor allem von Algen im eigenen Körper ernähren zu lassen, funktioniert so prima, dass diese Korallen die Grundlage fast aller Korallenriffe der ganzen Welt werden konnten. Ohne sie gäbe es die Riffe nicht!

Weichkorallen

Bisher haben wir uns mit Steinkorallen beschäftigt. Es gibt aber auch Weichkorallen. Eine Weichkoralle besteht ebenso wie eine Steinkoralle aus vielen winzigen Polypen. Weichkorallen bilden aber nicht ein Skelett aus Kalk wie die Steinkorallen, sondern einen Stamm aus lebender Substanz. Tief im Innern dieser lebenden Gewebeschicht sind die Polypen allerdings ebenfalls alle miteinander verbunden. Über ihre Verbindungen tauschen auch sie Informationen und Nahrung aus. Berührt man an einer Stelle der Koralle ein paar der Polypen, so erfahren sofort auch die übrigen davon und ziehen sich an der ganzen Koralle schnell zurück in den schützenden Stamm.

Weichkorallen haben sich sehr auf bestimmte Lebensräume im Riff spezialisiert. Die meisten Arten auch von ihnen besitzen in ihrem Gewebe die mikroskopisch kleinen Algen, die sie ernähren. Sie müssen genau wie Steinkorallen im Korallenriff weit oben leben, wo viel Sonnenlicht hinkommt, denn ihre Algen brauchen ja Licht, wie jede Pflanze.

Hier siehst Du nicht nur die Polypen in Vergrößerung, sondern auch die winzig kleinen, kugelförmigen Algen, die darin leben

Weichkorallen haben auch viele Polypen, aber kein festes Skelett aus Kalk

Krieg im Riff

Viele Korallenarten sind gute Kämpfer und verteidigen sich, wenn andere zu dicht an sie heranwachsen. Einige Polypen dieser Koralle strecken ihre Tentakel ganz lang aus, um Korallen in der Nachbarschaft mit ihrem Nesselgift zu verletzten und zurückzudrängen, damit sie selbst Platz zum Wachsen haben. An dem halbrunden Ende der Tentakel befinden sich besonders viele gefährliche Nesselzellen, die bei Berührung ihre Giftschläuche abschießen können.

Solche bunten Weichkorallen leben in tieferen Zonen der Korallenriffe. Wenn Du bei dieser Koralle genau hinschaust, siehst Du in der Mitte ein Krebschen, das sich darin versteckt.

Manche Weichkorallenarten haben sich auf die tieferen, dunklen Zonen der Korallenriffe spezialisiert. Dort können all die Licht liebenden Korallen nicht leben, und dadurch ist hier die Konkurrenz nicht so groß. Solche Korallen erkennt man meist an prächtigen Farben, etwa Rot, Gelb oder Orange. Sie ernähren sich ausschließlich von Plankton, das sie aus dem Wasser fangen.

Darüber hinaus gibt es noch einige Tiergruppen, die man nicht als Korallen bezeichnet, die aber mit ihnen eng verwandt sind. Seeanemonen gehören dazu, Krustenanemonen oder Scheibenanemonen und einige andere.

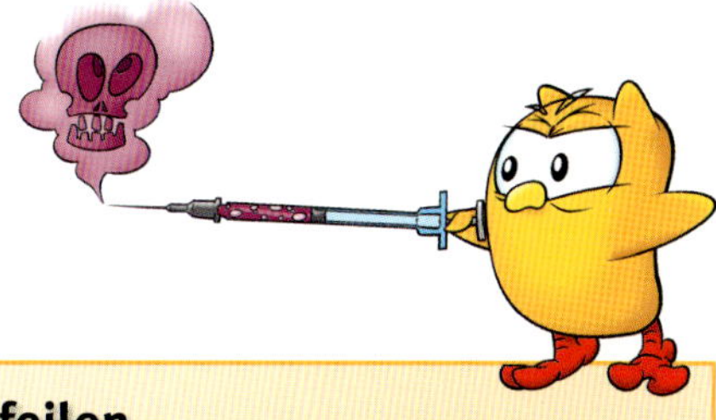

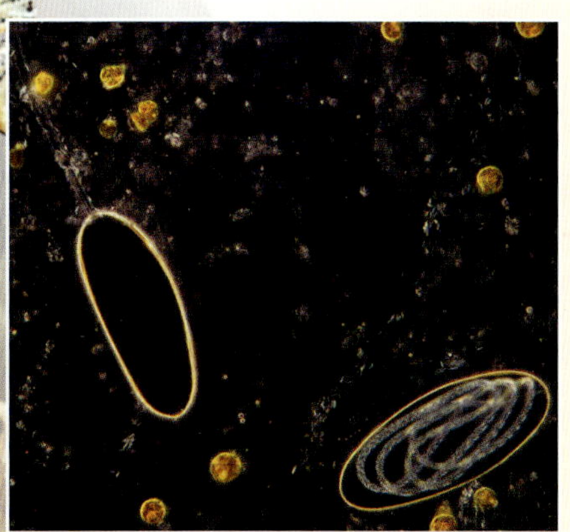

Verteidigen mit Giftpfeilen

Korallen sind Schnellschützen! Sie haben zu ihrer Verteidigung mikroskopisch kleine Nesselzellen. Wenn diese berührt werden, können sie einen dünnen Schlauch abschießen, der mit Nesselgift gefüllt ist. Er stülpt sich dabei so ähnlich aus wie die Finger eines umgedrehten Plastikhandschuhs, wenn Du Luft hineinbläst. Das geht bei den Nesselzellen der Korallen so schnell, dass dabei nur eine zehnmillionstel Sekunde vergeht! Dieser Vorgang gehört somit zu den schnellsten Bewegungen, die in der Natur bekannt sind.
Im Foto siehst Du zwei solche Nesselzellen unter einem Mikroskop. Die eine hat ihren Schlauch schon nach oben abgeschossen, und bei der anderen ist er noch aufgerollt.

Korallen können auch Eier oder Larven abgeben, aus denen dann neue Korallen heranwachsen. Hier setzt eine Weichkoralle ihre kugelförmigen Larven frei, die mit der Strömung nach oben treiben, und oben neben dem Foto siehst du Eizellpakete von einer Steinkoralle.

Eine *Fungia*-Steinkoralle gibt Samenzellen ab

Korallenhochzeit

Korallen können Eier und Samenzellen abgeben, die dann mit der Wasserströmung forttreiben, um eine neue Generation winziger Korallen zu erzeugen. Interessanterweise geben sie die aber alle gleichzeitig ab, alle Arten und alle Korallenstöcke zusammen. Man bezeichnet das als Massenablaichen. Das Faszinierende daran ist die Frage, wie die Korallen es schaffen, alle im selben Moment auf diese Idee zu kommen. Ganz genau weiß man das noch nicht, aber Wissenschaftler vermuten, dass es mit den Mondphasen zusammenhängt. Auch chemische Stoffe, die manche Korallen ins Wasser abgeben, spielen wohl eine Rolle. Mit diesen Stoffen teilen sie anderen mit, dass sie jetzt ihre Eier und Samenzellen abgeben wollen.

Die Samenzellen befruchten die Eizellen, und jede befruchtete Eizelle wird zu einer Korallenlarve, die im Wasser treibt. Bei manchen Arten passiert die Befruchtung schon in der Koralle, sodass sie Larven ans Wasser abgeben. All die Larven der Korallen werden dann weit fortgeschwemmt, vielleicht an das andere Ende des Korallenriffs oder in ein ganz anderes Riff. Sobald eine Korallenlarve eine geeignete Stelle gefunden hat, heftet sie sich einfach an die Steinoberfläche. Dann beginnt sie, ihre becherförmige Wohnung zu bauen, den Koralliten. Dazu holt sie Kalk aus dem Meerwasser, der darin gelöst war.

Bald wächst aus dem ersten Korallenpolypen der zweite Polyp, der sich ebenfalls einen Koralliten baut, und dann immer weitere, bis man schon eine kleine Koralle erkennen kann. Nach ein paar Jahren steht an dieser Stelle vielleicht eine richtig große Koralle, und die kann viele Hundert Jahre alt werden.

So entstehen Korallenriffe

Riffe bilden sich stets auf die gleiche Weise, und die ist eigentlich sehr einfach: Um eine Insel herum siedeln sich unter Wasser winzig kleine Korallenpolypen an. Sie stammen von anderen Riffen und werden als Larve mit der Wasserströmung herangeschwemmt – Korallenkinder sozusagen. Aus Kindern werden Erwachsene, und aus Korallenkindern eben richtig große Korallen: Nach einiger Zeit wird diese Insel also von einem dichten Korallensaum umgeben. Daher kommt auch der Name Saumriff.

Im Lauf der Zeit wird dieser Korallensaum dann immer höher, weil auf den Kalkskeletten abgestorbener Korallen neue wachsen. Irgendwann reicht er dann fast bis an die Wasseroberfläche, sodass nicht mehr so viel frisches, nahrungsreiches Meerwasser zur Innenseite dieses Korallensaums gelangt. Dort sind die Lebensbedingungen für die Korallen dann nicht mehr so gut. Darum verschwinden viele dort wieder, sodass das Riff an dieser Stelle flacher wird. Auch die Wasserbewegung ist hier ruhiger. Diese Zone nennt man Lagune. An der Außenseite, der Riffkante, wachsen die Korallen prächtig. Dort wird das Riff dann auch größer. In den vier Zeichnungen habe ich versucht, das zu zeigen.

Wie entsteht ein Riff ?

Im oberen Bild hat sich ein Korallensaum um die Insel herum gebildet (rotbraun)
Auf dem zweiten Bild darunter siehst Du, dass der Korallensaum breiter geworden ist und dicht an die Wasseroberfläche reicht
In der Mitte des Korallensaums bildet sich dann bald eine Vertiefung (drittes Bild), weil die Korallen hier nicht mehr so gut wachsen können wie außen an der Riffkante
Und das vierte Bild zeigt, dass an der Innenseite des Korallensaums keine Korallen mehr leben. Hier ist jetzt die Lagune.

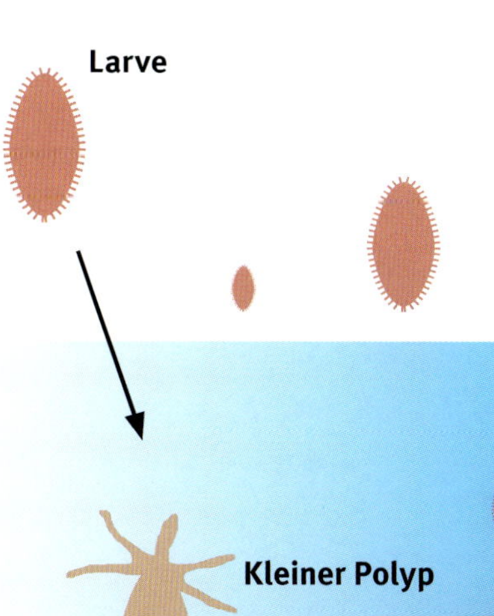

Unzählige Polypen bilden nach und nach ganze Riffe!

Wir brauchen Korallenriffe!

Vor langer, langer Zeit gab es noch keine Menschen und auch die meisten Tiere noch nicht. Damals enthielt die Luft auf der Erde sehr viel von einem Gas, das „Kohlendioxid“ heißt, auch als CO_2 bezeichnet. Es ist eigentlich nicht wirklich gefährlich, wir Menschen atmen es sogar aus. Aber zu viel davon führt dazu, dass die Erde durch die Sonnenstrahlen für die meisten Bewohner unseres Planeten zu warm wird – uns Menschen eingeschlossen. Korallenpolypen konnten damals unter Wasser aber schon existieren. Durch den Bau ihrer Kalkskelette haben sie sehr viel von diesem Kohlendioxid verbraucht, weil ihr Kalkaufbau nur zusammen mit diesem Gas funktioniert. Im Lauf der Zeit wurde dieses Gas dann immer weniger. Dadurch veränderte die Luft sich schließlich so, dass sich viel mehr Tierarten entwickeln und auch das Land bevölkern konnten. Schließlich entwickelte sich auch der Mensch.

Diese fossilen Korallen sind mehrere Millionen Jahre alt. Auch in ihnen ist immer noch Kohlenstoff gespeichert!

Auch heute binden die Steinkorallen im Meer noch riesige Mengen von Kohlendioxid. Das ist gut, denn der Mensch erzeugt durch das Verbrennen von Benzin, Öl und anderem in Fabriken, Autos und Flugzeugen immer mehr davon. Wenn wir die Korallen in den Riffen nicht hätten, dann würde die Luft auf der Erde schnell wieder mehr von diesem CO_2 enthalten. Somit würde es rasch wieder zu warm. Nichts auf der Welt bindet so viel CO_2 wie das Wachstum von Steinkorallen – am Ende des Buchs komme ich darauf noch einmal zurück.

Aber natürlich gibt es noch viele andere Gründe dafür, dass Korallenriffe für den Menschen wichtig sind. Zum Beispiel wachsen die meisten Jungfische in den Riffen und angrenzenden Lebensräumen wie Mangrovenwäldern auf, die dort im flachen Küstenwasser wachsen. Dort können sie sich prima verstecken. Wenn das nicht möglich wäre, würden die meisten von ihnen gefressen, noch bevor sie groß werden könnten. Dann gäbe es im Meer viel weniger Fische. Dadurch hätten auch wir Menschen weniger zu essen. Natürlich kommt unser Speisefisch aus dem Supermarkt, aber bevor er dort in der Kühltruhe liegt, muss er schließlich im Meer gefangen werden.

Dieses Foto, das ich vom Hubschrauber aus aufgenommen habe, zeigt eine Mangrovenzone. Du siehst, dass das Meerwasser auch bis zwischen die Bäume gelangt. Es ist dort dunkel, weil es sehr schlammig und trüb ist. Hier, zwischen den großen Stelzwurzeln der Bäume, werden viele Junge von Korallenfischen groß.

Versteck unter Wurzeln

Mangroven brauchen Luftwurzeln, um Sauerstoff zu atmen, weil sie in dichtem Schlamm stehen, der keinen Sauerstoff enthält. Unter diesen Luftwurzeln kann man sich als Jungfisch prima verstecken, denn große Raubfische passen nicht dazwischen durch. Darum brauchen Junge vieler Arten unbedingt Mangrovenwälder wie diesen in der Karibik.

Einer frisst den anderen

Ein Korallenfisch kann sich seine Nahrung natürlich nicht einfach kaufen, wie wir Menschen. Er muss also versuchen, irgendwo ein Krebschen oder Würmchen zu finden, das nicht aufmerksam genug ist, sodass er es fressen kann. Auch die Fische müssen aufpassen, denn es gibt überall noch größere Fische, die hungrig sind. Darum versuchen alle Fische, Krebschen, Würmchen und die anderen Tiere im Riff fortwährend, wachsam zu sein, damit ihnen nichts passiert.

Was ein Korallenriff ausmacht

Ein Korallenriff kannst Du Dir als Unterwassergebirge vorstellen, auf dem Korallen leben. Auch unzählige weitere Tiere, die sich bei Korallen wohlfühlen, siedeln im Riff. Dazu gehören natürlich Fische, aber auch Seesterne, Seeigel, Schnecken, Krebse und viele andere. Sie alle bewohnen das Riff, und die Korallen arbeiten ständig daran, es zu vergrößern und weiter aufzubauen.

Die Tiere in einem Korallenriff sehen aber nicht nur sehr unterschiedlich aus, sondern haben auch ganz verschiedene Fähigkeiten und Talente. Nicht jede Art kann zum Beispiel gut graben. Dafür muss man Spezialist sein. Und wenn man immer mit dem Graben beschäftigt ist, hat man oft keine Zeit zum Aufpassen. Dann hilft es, wenn man sich mit jemandem zusammentut, der besonders scharfe Augen hat und immer alles gut im Blick behält. Und der ist dann bestimmt dankbar, wenn jemand für ihn eine Höhle gräbt, in der auch er wohnen darf. So hilft man sich gegenseitig. Manche Tierarten beschützen einander oder nützen sich auf andere Weise. Später wirst du in diesem Buch solche Lebensgemeinschaften kennenlernen, auch die, bei der das eine Tier gräbt und das andere aufpasst.

So kann ein Korallenriff unter Wasser aussehen. Hier an der Riffkante leben viele orange Fahnenbarsche, die sich bei Gefahr zwischen den Korallen verstecken.

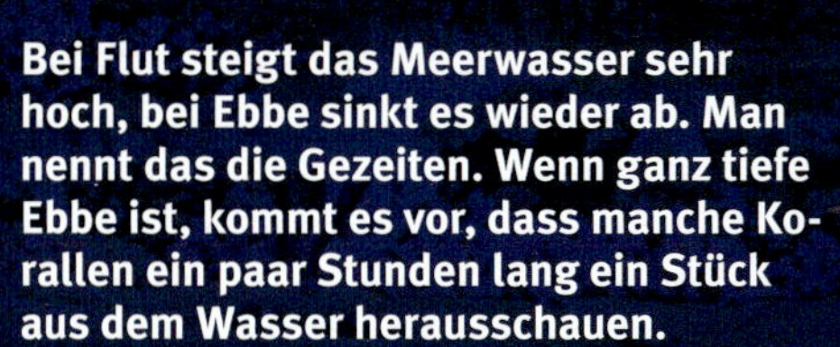

Bei Flut steigt das Meerwasser sehr hoch, bei Ebbe sinkt es wieder ab. Man nennt das die Gezeiten. Wenn ganz tiefe Ebbe ist, kommt es vor, dass manche Korallen ein paar Stunden lang ein Stück aus dem Wasser herausschauen.

Oben:
Hier siehst Du ein Stück von einem Korallenriff in Indonesien, das ich auch vom Hubschrauber aus fotografiert habe. Das Dunkelblaue ist tiefes Wasser, und wo das Wasser flach ist, kann man den weißen Sandboden sehen, der dann hellblau oder türkis aussieht. Die grauen Flecke, die Du darauf erkennen kannst, das sind die Korallen, und dazwischen leben die Fische.

Allerdings gibt es im Korallenriff nicht nur friedliches Miteinander. Wie überall in der Natur geht es hier für jedes Tier ums Überleben. Alle Riffbewohner kämpfen stets um die beiden kostbarsten Dinge, die es in einem Korallenriff gibt: ein Fleckchen Platz, auf dem man leben kann, und Nahrung, die satt macht.
Im Riff ist jeder vom anderen abhängig: Die großen Tiere fressen die mittleren, die mittleren die kleinen und so weiter, bis zum wirklich winzigen Tierchen. Und das lässt sich dann Algen und Tierchen schmecken, die so klein sind, dass man sie nur mit einem Mikroskop richtig sehen kann, zum Beispiel Plankton. So nennt man die winzigen Tierchen und Algen, die frei im Meerwasser treiben.

***Porites*-Korallenstöcke im Flachwasser bilden regelrechte „Mini-Atolle"!**

Der Drachenkopffisch ist ein arger Räuber, der kleinen Fischen auflauert, denn er hat sie zum Fressen gern. Und damit noch größere Räuber keinen Appetit auf ihn bekommen, hat die Evolution seinen Körper mit so vielen Fransen ausgestattet, dass er gar nicht wie ein Fisch aussieht.

Dieser ganz besonders hübsche Fisch heißt Geisterpfeifenfisch, und ihm hat die Evolution viele bunte Flecke und Stacheln gegeben, damit er so ähnlich aussieht wie der Haarstern, von dem Du hier nur ein paar seiner fransigen Arme siehst. In seiner Nähe hält sich der Geisterpfeifenfisch immer auf.

Die Evolution hilft Tieren aber nicht nur, sich besser zu verstecken. Diesem Wespenfisch hat sie lange Flossen gegeben, die wie die Flügel eines Vogels aussehen. Außerdem hat sie ihn am Kinn mit langen, dünnen Fühlern ausgestattet, mit denen er im Bodengrund nach kleinen Tieren suchen kann.

Hier zeigt Dir der Wespenfisch, wie er seine Beute findet: Er schwimmt ganz dicht am Bodengrund, sucht darin mit seinen Fühlern nach kleinen, versteckten Krebschen. Wenn eines nach oben fliehen will, hält der Fisch es mit seinen langen Flügelflossen zurück, damit es ihm direkt vor sein Maul schwimmt und er es fressen kann.

Jede Menge Nachwuchs

Für jede Tierart erfindet die Natur dauernd so etwas wie ein verbessertes Modell, ganz ähnlich wie es der Mensch bei Autos oder Flugzeugen tut. Und das wird dann im Alltagsbetrieb getestet – eben im Leben. Wenn eine solche Verbesserung tatsächlich gelungen ist, dann überlebt dieses Tier und kann später viele Nachkommen erzeugen.

Die Entwicklung der Arten: Evolution

Jede Tierart verändert sich bei ihren Nachkommen ein bisschen. Eines der Jungtiere wird noch schneller, sodass es seine Beute besser fangen kann. Ein anderes kommt vielleicht mit einer Tarnfärbung zur Welt, sodass es möglichst nicht von Fressfeinden gesehen wird. Solche Jungtiere haben dann natürlich einen Vorteil im Kampf ums Überleben. Sie werden nicht gefressen und schaffen es, erwachsen zu werden. Dann bekommen sie selbst Junge, und diese erben ihre tollen Eigenschaften.

Alle Arten im Korallenriff – und auch anderswo im Meer und sogar an Land – entwickeln sich sozusagen um die Wette. Die Natur versucht fortwährend, jeden bei dem, was er tut, noch ein kleines bisschen besser werden zu lassen. Diese Entwicklung nennt man Evolution, was so viel bedeutet wie Entwicklung durch Veränderung.

Die Evolution hat zu der gewaltigen Vielfalt der Lebewesen im Meer geführt, von der die Eule Xabi und ich Dir einen Eindruck vermitteln möchten.

Dieser kleine Fisch ist eine Grundel und lebt auf einer roten Koralle. Durch die Evolution hat er einen roten Körper bekommen, mit ähnlichen Zacken am Rücken wie bei seiner Wohnkoralle.

Weichtiere wie diese blaue Riesenmuschel können wunderschön sein

Jeder dieser Korallenpolypen sieht aus wie eine Blume, aber Korallen sind wirklich Tiere

Seesterne haben meist fünf Arme und sind oft sehr bunt

Vielfältige Bewohner

Die wichtigsten Bewohner von Riffen hast Du schon kennengelernt: Steinkorallen! Denn diese Baumeister sorgen ja überhaupt erst dafür, dass ein Riff entsteht. Aber wenn Du genauer hinschaust, siehst Du auf Bildern vom Korallenriff, dass dort ganz verschiedene Tiere leben: Seeigel, Seesterne, Muscheln, die am Boden festsitzen, Röhrenwürmer (das sind Tiere, deren oberer Teil so ähnlich aussieht wie eine Blume), Schwämme, Krebse, viele unterschiedlich aussehende Korallen und natürlich die bunten Korallenfische.

Die Wissenschaft teilt all diese Tiere in Gruppen ein, um nicht die Übersicht zu verlieren. Das ist sehr praktisch, und darum wollen Eulchen Xabi und ich Dir auf den nächsten Seiten einige dieser Gruppen vorstellen.

Schwämme sind auch Lebewesen, und sie filtern Wasser

Dieser Riffhummer gehört zu den farbenprächtigsten Tieren im Korallenriff

Die Tentakel mancher Würmer sehen aus wie kleine Weihnachtsbäumchen. Hier siehst Du einen Röhrenwurm, der zwei davon hat.

Dieser Zwerg-Feuerfisch ist zwar klein, aber sehr giftig

Korallen-fische

Sicher ist Dir schon aufgefallen, wie bunt Korallenfische sind. Fast scheint es, als seien sie zu einem Wettstreit um das schönste Farbkleid angetreten, um die hübschesten Muster. Aber der Grund für die Unterschiede und die bunten Farben ist nicht Eitelkeit. Für manche Fische ist die Farbmusterung ein Tarnanzug, der ihnen hilft, ungesehen zu bleiben. Für andere ist sie ein Erkennungszeichen – denn wenn alle Fische gleich aussehen würden, könnten sich die Angehörigen einer Art ja nicht erkennen.

Manchmal liegt in den Farbmustern aber auch ein Trick: Zum Beispiel verstecken einige ihr schwarzes Auge in einem schwarzen Streifen und zeigen am Schwanz einen großen, schwarzen Fleck, der wie ein Auge aussieht. Vielleicht kannst Du Dir schon vorstellen, was der Fisch damit vorhat: Ein Fressfeind hält den großen Fleck für das Auge, und er rechnet natürlich damit, dass der Fisch vorwärts flüchten wird, wenn er ihn angreift. Das tut der dann auch, aber in genau die entgegengesetzte Richtung, anders, als der Raubfisch dachte – schwupp, weg ist er. Und der Angreifer geht leer aus. Auf der nächsten Doppelseite siehst Du ein Beispiel.

Geschickte Schwimmer und Ansitzjäger

Die Schwimmweise von Fischen entspricht der Aufgabe, die sie im Korallenriff übernommen haben. Einige schwimmen sehr schnell und geschickt, andere nur sehr langsam. Die Flossen und der ganze Körper haben sich natürlich an diese Schwimmweise angepasst. Manche Korallenfische sitzen sogar den ganzen Tag auf einer Koralle oder auf dem Sandboden. Von dort aus beobachten aufmerksam ihre Umgebung, um nach Feinden und Beute Ausschau zu halten.

Wenn Du Korallenfische miteinander vergleichst, wird Dir auffallen, dass sie auch sehr verschiedene Formen und Größen haben. Das hilft ihnen, im Korallenriff unterschiedliche Aufgaben zu erfüllen. Wer zum Beispiel eine dünne, lange Schnauze hat, kann seine Nahrung aus tiefen Ritzen zwischen den Steinen herauspicken, wo andere nicht herankommen. Dafür eignet sich so ein Maul aber nicht, um dicke Algenpolster von einem Stein abzunagen, und das machen dann andere, die dafür das passende Maul entwickelt haben.

Clownfische legen ihre Eier neben der Seeanemone ab, in der sie wohnen, denn in der Nähe der giftigen Tentakel sind die wertvollen Eier gut vor Feinden geschützt. Die Eltern pflegen sie dann und putzen sie den ganzen Tag, damit sich keine Bakterien oder Pilze ansiedeln und die Eier schädigen können. Einen Tag vor dem Schlüpfen kannst Du den Fischbabys dann sogar schon in die Augen schauen.

Der Kofferfisch sieht besonders drollig aus

Clownfisch-Paare bleiben ihr ganzes Leben zusammen. Sie können 15 Jahre oder länger leben und erzeugen dann regelmäßig zusammen Eier, aus denen ihre Jungen schlüpfen.

Guter Vater

Der Clownfischpapa pflegt seine Babys in den Eiern. Wenn Du genau hinsiehst, kannst Du schon ihre Augen erkennen.

▲ Im Maul dieses Fischpapas sind die Babys besonders sicher aufgehoben

▲ Die Dekor-Schwertgrundel zeigt ihre zauberhaft gefärbten Flossen

Hören ohne Ohren

Fische besitzen zwar keine Ohren, können aber trotzdem hören! Viele Arten werden durch Töne angelockt oder abgeschreckt. Solche Töne kommen durch Druckwellen zustande, und die bewegen sich durch das Wasser. Fische nehmen Schall- und Druckwellen mit ihrem Seitenlinienorgan wahr, das von vorn nach hinten zieht, vom Kopf bis zur Schwanzwurzel. Bei vielen kannst Du es als dünne Linie an der Seite ihres Körpers sehen. Damit können sie selbst ganz leichte Druckänderungen im Wasser fühlen und auch im Dunkeln Hindernisse erkennen.

Manche Korallenfisch-Eltern tragen ihre Eier oder später sogar die Jungfische einfach im Maul mit sich herum. Man nennt solche Arten daher Maulbrüter. Auf diese Weise ist der Nachwuchs perfekt vor Feinden geschützt. Die Elternfische spucken die Kleinen erst dann aus, wenn sie zu groß werden. Die Fischbabys, die Du oben siehst, waren beim Fotografieren richtig ungeduldig und drängelten sich alle nach vorn, um möglichst viel von der Welt zu sehen.

▲ Schmetterlingsfische heißen so, weil sie auch so lustig bunt gefärbt sind wie viele Schmetterlinge

◀ Das Fuchsgesicht versteckt sein Auge in einem schwarzen Streifen und trägt einen Augenfleck auf seinem Körper, um Feinde zu verwirren

Der Röhrenaal versteckt seinen langen, dünnen Körper in einer Wohnröhre im Meeresboden

◀ Lippfische gehören zu den buntesten Korallenfischen im Riff

Hier siehst Du, wie die Seepferdchenmama ein Ei an den Seepferdchenpapa übergibt, damit es in seine geöffnete Bauchtasche hineinfallen kann

Seepferdchen sehen einem Pferd erstaunlich ähnlich

So wird ein Seepferdchen geboren! Anders als bei den meisten Tieren werden die Kleinen vom Vater zur Welt gebracht!

► Nur wenige Sekunden ist dieses kleine Seepferdchen alt. Dahinter siehst Du seinen Vater.

Seepferdchen sehen zwar gar nicht wie Fische aus, sind aber wirklich welche. Und zwar ganz besondere, denn bei Seepferdchen bringen die Väter die Babys zur Welt! Die Weibchen produzieren Eier und geben sie den Männchen in eine Tasche am Bauch. Dort schlüpfen die jungen Seepferdchen aus den Eiern und wachsen heran, bis sie geboren werden können.

In der gleichen Zeit aber reifen im Weibchen schon neue Eier heran. Durch diese Arbeitsteilung können Seepferdchen mehr Babys zur Welt bringen. Oben siehst Du die Eiübergabe und die Geburt eines Zwergseepferdchens. Der kleine Kopf steckt noch in der Bauchtasche des Vaters.

Auf dem dritten Foto schwimmt das neugeborene Seepferdchenbaby an seinem Vater vorbei, ein paar Sekunden nach seiner Geburt!

Schleimiger Schlafanzug

Manche Korallenfische hüllen nachts ihren Körper in einen dicken „Pyjama“ aus einem schleimigen Sekret ein. Diese Hülle verhindert, dass Duftstoffe des Fischs ins freie Wasser gelangen und dort Fressfeinde anlocken. Andere Arten graben sich nachts zum Schlafen in den Bodengrund ein.

Der Rotfeuerfisch hat eine hübsche Streifenzeichnung, aber auch giftige Stacheln

Den Schwarzspitzenriffhai erkennst Du an den schwarzen Spitzen seiner Flossen

Gefährliche Räuber

Dass man im Korallenriff als kleiner Fisch gefährlich lebt, weil überall Fressfeinde lauern, erwähnte ich schon. Jetzt müssen Eule Xabi und ich sie Dir aber natürlich auch zeigen! Erstaunlicherweise sind manche dieser Räuber ganz ausgesprochen hübsch und elegant.

Die giftigen Rotfeuerfische mit ihren braunen Streifen und den segelförmigen Flossen sind dafür ein gutes Beispiel, denn sie sehen sehr attraktiv aus. Fast unbewegt schweben sie im Wasser, behalten ihre Umgebung aber genau im Blick. Verirrt sich ein unaufmerksames Fischchen in die Nähe eines solchen Räubers, dann folgt der ihm mit seinen Augen ganz genau. Wie große Segel breitet er dann seine langen Flossen aus, schwimmt dem kleinen Fischchen langsam entgegen, treibt es gegen eine Koralle oder die Riffwand, so dass es nicht mehr fliehen kann. Näher und näher gleitet der Räuber, und – schwupp – ist das Fischlein verschwunden: Blitzschnell hat der Rotfeuerfisch sein riesiges Maul weit aufgerissen. Dadurch wurde Wasser hineingesaugt und damit natürlich auch das arme Fischchen.

Seine giftigen Stacheln hat der Rotfeuerfisch, weil es ja auch noch viel größere Räuber gibt. Muränen zum Beispiel, und die fressen Rotfeuerfische gern. Die Giftstacheln sind zwar gefährlich, aber wenn man eine kluge Muräne ist, weiß man genau, worauf man zu achten hat: Man muss den Rotfeuerfisch von vorn fressen, damit die Stacheln sich nach hinten an den Körper anlegen und nicht stechen können.

Vor allem nachts gehen Muränen gern auf die Jagd. Und das trifft sich gut, denn Rotfeuerfische machen das genauso und sind am liebsten im Dunkeln unterwegs, um schlafende Fischchen aufzustöbern und zu fressen.

Muränen können aber ausgesprochen schön aussehen. Die Drachenmuräne unten rechts zum Beispiel hat nicht nur furchterregende Zähne, sondern auch eine zauberhafte Farbmusterung auf dem ganzen Körper, in Orange, Weiß und Schwarz. Man tut als kleiner Fisch dennoch sicher gut daran, ihre Nähe zu meiden – selbst wenn man Giftstacheln hat.

Aber auch für eine Muräne ist das Leben nicht ungefährlich, denn immer gibt es Räuber, die größer sind als man selbst. Haie zum Beispiel mögen Muränen, sie haben sie regelrecht zum Fressen gern. Darum sieht man Muränen auch ganz selten tagsüber schwimmen. Da ruhen sie sich am liebsten in einer Spalte im Riffgestein aus und verstecken sich. Zum Beispiel vor hungrigen Haien. Und Haie sind eigentlich immer hungrig.

Große Hai-Arten sind die Könige der Räuber, weil ihnen im Riff niemand wirklich gefährlich werden kann – zumindest, wenn sie erwachsen sind. Man könnte sagen, Haie sind die Löwen der Meere.

Allein schon ihr Gebiss ist furchterregend, und selbst wenn ihnen beim Zubeißen Zähne abbrechen, stört sie das nicht, denn die wachsen von innen in ganzen Reihen nach, wie Du auf einem der Fotos sehen kannst. Man sollte sich als Muräne also sehr in Acht nehmen, wenn man sich tagsüber aus seiner Höhle traut. Aber auch nachts ist es nicht ganz ungefährlich, denn Haie suchen dann gern gezielt nach schlafenden Fischen, und dazu gehören auch Muränen.

Kein Besuch beim Zahnarzt nötig

Bei Haien stehen die Zähne in mehreren Reihen hintereinander. Wenn Zähne der vorderen Reihen abgebrochen und verbraucht sind, drehen sich die inneren Reihen nach außen. Schon ist das Gebiss wieder komplett.

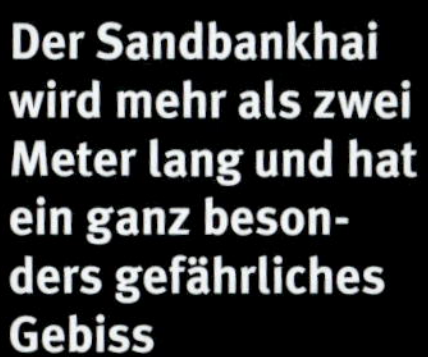

Der Sandbankhai wird mehr als zwei Meter lang und hat ein ganz besonders gefährliches Gebiss

Die Drachenmuräne wird auch Panthermuräne genannt, weil ihre Körperfärbung Ähnlichkeit mit diesen Raubkatzen hat

Diese Fossilienplatte zeigt zwei Seelilien, die vor ungefähr 200 Millionen Jahren im Meer gelebt haben

Der Diademseeigel ist zwar sehr hübsch, aber seine dünnen, hellbraunen Stacheln sind giftig

Stachelhäuter

Viel weniger gefährlich als die spitzen Zähne der Haie sind die spitzen Stacheln der Seeigel und anderer Stachelhäuter. Zu dieser Tiergruppe gehören unter anderem Seesterne, Seeigel und Seegurken. Seesterne wirken auf uns wie Wesen von einem anderen Planeten. Sie haben keinen Kopf, und doch können sie sich hervorragend orientieren. Sie haben keine Vorderseite und keine Hinterseite, weil alle Arme gleich sind, sie wissen aber trotzdem immer, wo es langgeht. Sie haben keine Augen, um zu sehen, doch sie nehmen uns wahr. Ihr Körper besitzt keine Gelenke und ist trotzdem beweglich.

Ihre Vorfahren allerdings hatten vor Urzeiten Kopf, Augen, Beine und Gehirn! Was bringt eine Tiergruppe nur dazu, in ihrer Entwicklungsgeschichte von Generation zu Generation all dies zu verlieren und stattdessen auf Stacheln oder auf winzigen Saugfüßchen umherzulaufen?

Die Antwort ist ziemlich spannend und zeigt Dir, was die Evolution mit Tieren machen kann: Irgendwann vor ungefähr 500 Millionen Jahren, lange bevor die ersten Dinosaurier auf der Erde erschienen, haben die Vorfahren

Seesterne sind oft sehr hübsch gefärbt

Jede Menge Mini-Füßchen

Seesterne wandern langsam über den Meeresboden, und dazu nutzen sie winzig kleine, schlauchförmige Füßchen an ihrer Unterseite. Von den mehreren Tausend Füßchen, die ein Seestern besitzt, siehst Du hier einige, die ausgestreckt sind. Am Ende hat jedes Füßchen einen kleinen Saugnapf. Damit kann sich der Seestern an einer Oberfläche festhalten.

Hier siehst Du, wie ein kleiner Gänsefuß-Seestern sich teilt. Das Ganze dauert ungefähr zehn Minuten, geht also recht langsam. Danach müssen beide Seesternhälften einige Tage ruhig sitzen bleiben, damit die Wunden verheilen.

Anschließend wachsen den halben Seesternen die fehlenden Arme nach. Dann sind aus einem Seestern zwei geworden. Beim Seestern auf Bild 6 kannst Du erkennen, dass an seiner Oberseite fünf kleine neue Arme wachsen; die längeren drei Arme, die an seiner Unterseite zu sehen sind, waren schon vor der Teilung da.

der Stachelhäuter ihr bewegliches Leben aufgegeben. Damit wurden sie zu festsitzenden Tieren, die einfach am Boden angewachsen sind, um vorbeitreibende Nahrung aus dem Wasser zu fangen. Dadurch konnten sie viel Energie sparen, denn wer nicht läuft, braucht ja keine Beine und muss sie sich auch nicht wachsen lassen. Und wer keine Beine hat, braucht auch keine Augen, um zu sehen, in welche Richtung er sich bewegen muss. Er benötigt auch kein Gehirn, um Beine und Augen zu steuern.

Wer ohne Beine, Augen und Gehirn lebt, braucht weniger Energie und kommt daher mit wenig Nahrung aus. Deshalb konnten diese Tiere jetzt auch in solchen Meeresregionen leben, wo es sehr wenig Nahrung gab, denn die reichte ihnen aus. Das war die große Zeit der Seelilien, die wie Blumen aussahen, in Wirklichkeit aber Tiere waren. In dem Fossil Seite 30 siehst Du zwei davon, die versteinert sind.

Viele Millionen Jahre später haben sich dann vermutlich neue Räuber entwickelt, die auf Seelilien als Nahrung spezialisiert waren. Für eine am Boden festgewachsene Seelilie war das natürlich schlecht, denn sie konnte nicht fliehen. Also mussten die Nachkommen der Seelilien wieder Beweglichkeit entwickeln, um zu überleben – sie mussten laufen lernen! Und sehen! Aber das war gar nicht so einfach, denn die Beine, die ihre Vorfahren gehabt hatten, waren ja längst verschwunden. Auch Augen hatten sie nicht und kein Gehirn, mit dem sie das, was die Augen sehen, verstehen konnten. All das hatten ihre Vorfahren aufgegeben und verloren.

Also mussten sie zum Laufen das nehmen, was sie noch hatten. Seeigel tun das darum mit ihren Stacheln. Seesterne oder Seegurken bewegen sich mithilfe vieler winzig kleiner, schlauchförmiger Füßchen an ihrer Unterseite. Und das kriegen sie erstaunlich gut hin.

Wenn man einen so einfach gebauten Körper hat wie ein Seestern, der an allen Seiten gleich ist, dann bietet das übrigens einen großen Vorteil: Man kann sich vermehren, indem man sich einfach teilt und dann das nachwachsen lässt, was fehlt – aus eins mach zwei. So etwas tun Seesterne allerdings nur nachts und noch dazu versteckt, sodass man sie dabei nicht fotografieren kann. Aber ein Mal ist mir das trotzdem gelungen, und diese Bilder will ich Dir natürlich unbedingt zeigen.

Hungrige „Gurken“

Wenn Seegurken hungrig sind, strecken sie viele Fresstentakel aus, um feines Plankton zu fangen. Wenn genug Plankton daran klebt, stecken sie jeden einzelnen Tentakel in ihren Mund und lutschen ihn ab.

Netzfischer

Porzellankrebse benutzen selbst hergestellte Fangnetze, um Plankton aus dem Wasser zu fangen. Davon ernähren sie sich. Sobald ein solcher Krebs im Wasser etwas Fressbares bemerkt, öffnet er schnell seine Planktonfangnetze und hält sie nach oben, damit möglichst viel darin hängen bleibt. Anschließend streift er alles ab, um es zu fressen.

Krebse, Krabben und Garnelen

Krebstiere nennen wir je nach ihrem Aussehen beispielsweise Krebse, Krabben oder Garnelen. Sie haben im Meer sehr viele Arten entwickelt. Sie sehen ganz verschieden aus und leben auch unterschiedlich. Hier hat die Natur großen Einfallsreichtum gezeigt.

Am einfachsten hat man es als Krebs noch, wenn man sich tagsüber einfach versteckt und nachts im Dunkeln auf Nahrungssuche geht, wenn die meisten Räuber schlafen. Manche Arten der Krebse sind aber daran angepasst, tagsüber Nahrung zu suchen. Damit sie nicht entdeckt und gefressen werden, müssen sie sich also tarnen.

Einsiedlerkrebse haben da eine spannende Erfindung gemacht: Sie ziehen einfach in ein leeres Schneckenhaus ein, um darin zu leben. So können sie ihr Versteck überallhin mitnehmen! Wenn sie unterwegs sind, steckt ihr Hinterteil im Schneckenhaus. Droht Gefahr, ziehen sie sich ruckartig ganz in das Gehäuse zurück.

Kaum einen Winkel gibt es im Korallenriff, in dem nicht Krebse zu sehen sind. Manche haben einen schlanken, länglichen Körper entwickelt. Man nennt sie Garnelen, aber auch sie gehören zu den Krebsen.

Einsiedlerkrebse stecken mit ihrem Hinterleib in einem Schneckenhaus. Bei Gefahr ziehen sie ihren Körper ganz hinein, damit sie geschützt sind.

Dieser Fangschreckenkrebs kann nach vorn und hinten zugleich schauen. Auch mit einem einzigen Auge vermag er Entfernungen zu erkennen. Wir Menschen brauchen dafür zwei Augen.

Manche kleinen Garnelen verbringen ihr ganzes Leben auf dem Körper einer Seegurke oder eines Seesterns. Selbst auf Nacktschnecken oder Korallen trifft man manchmal winzige Garnelen an. Man nennt sie Partnergarnelen, und sie sind so gut an ihr Wirtstier angepasst, also zum Beispiel den Seestern, dass man sie nur bemerken kann, wenn man gezielt nach ihnen sucht.

Aber Krebse sind nicht nur mit ihrer Form und Farbe erfinderisch, sondern auch mit ihren Körperfunktionen. Fangschreckenkrebse zum Beispiel haben fantastische Augen entwickelt und können manches, was wir nicht können. Wenn Du Dir beispielsweise ein Auge zuhältst, dann kannst Du zwar noch Dinge sehen, aber nicht mehr einschätzen, wie weit sie entfernt sind. Zum räumlichen Sehen, also zum Erkennen von Entfernungen, brauchen wir Menschen beide Augen. Ein Fangschreckenkrebs dagegen kann das mit einem einzigen Auge.

Diese Garnele hat sich ihrem Wirtstier, einer Dörnchenkoralle, so gut angepasst, dass man sie fast nicht erkennt! Hast Du sie entdeckt?

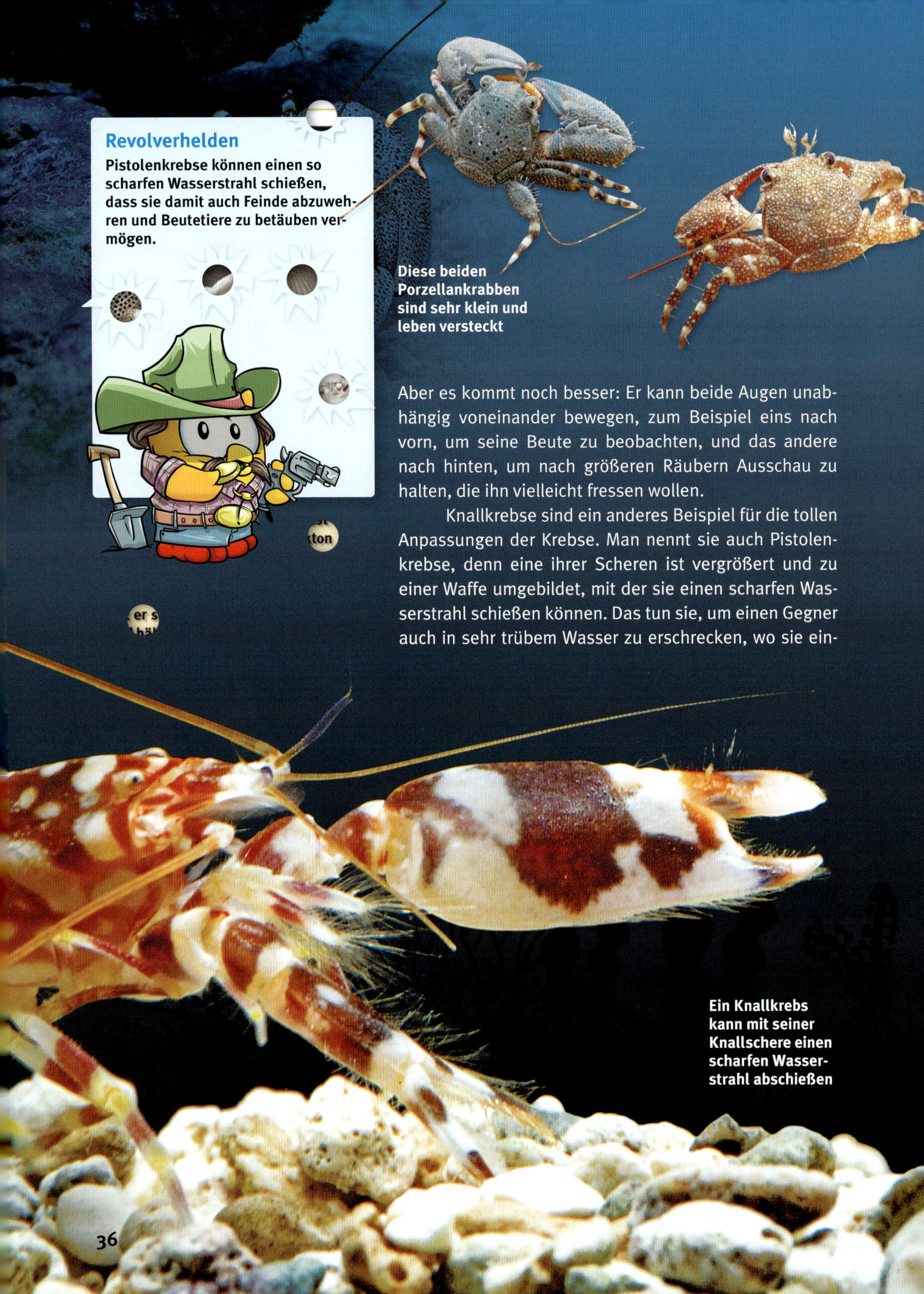

Revolverhelden

Pistolenkrebse können einen so scharfen Wasserstrahl schießen, dass sie damit auch Feinde abzuwehren und Beutetiere zu betäuben vermögen.

Diese beiden Porzellankrabben sind sehr klein und leben versteckt

Aber es kommt noch besser: Er kann beide Augen unabhängig voneinander bewegen, zum Beispiel eins nach vorn, um seine Beute zu beobachten, und das andere nach hinten, um nach größeren Räubern Ausschau zu halten, die ihn vielleicht fressen wollen.

Knallkrebse sind ein anderes Beispiel für die tollen Anpassungen der Krebse. Man nennt sie auch Pistolenkrebse, denn eine ihrer Scheren ist vergrößert und zu einer Waffe umgebildet, mit der sie einen scharfen Wasserstrahl schießen können. Das tun sie, um einen Gegner auch in sehr trübem Wasser zu erschrecken, wo sie ein-

Ein Knallkrebs kann mit seiner Knallschere einen scharfen Wasserstrahl abschießen

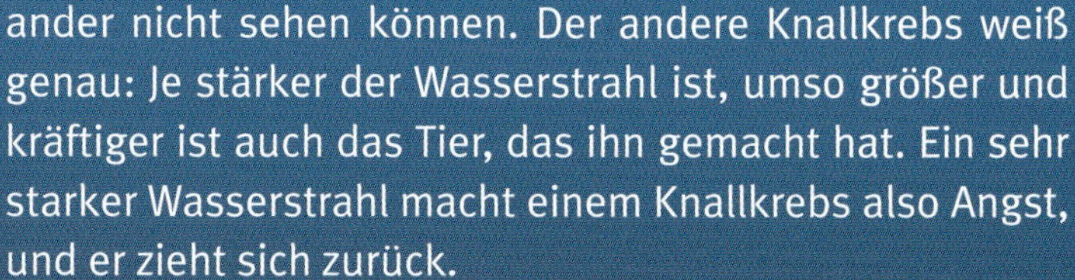

ander nicht sehen können. Der andere Knallkrebs weiß genau: Je stärker der Wasserstrahl ist, umso größer und kräftiger ist auch das Tier, das ihn gemacht hat. Ein sehr starker Wasserstrahl macht einem Knallkrebs also Angst, und er zieht sich zurück.

Knallkrebse nennt man diese Tiere, weil in dem Moment, in dem sie einen Wasserstrahl abschießen, ein lauter Knall entsteht. Man kann ihn deutlich hören, denn er ist für einen kurzen Moment so laut wie das Düsentriebwerk eines Flugzeugs. Dabei entsteht unter Wasser sogar ein kleiner Lichtblitz, den man zwar nicht sehen, aber im Labor messen kann.

Waschanlage

Putzergarnelen haben sich darauf spezialisiert, Fische zu reinigen, damit es sie nirgendwo juckt. Dazu picken sie mit ihren Scheren Hautparasiten und abgestorbene Hautreste heraus. Dieser Schmetterlingsfisch lässt sich von der Garnele gründlich putzen.

Dies ist die Schere eines Knallkrebses. Der Wasserstrahl entsteht, wenn sich die Schere ruckartig schließt.

Weichtiere – Muscheln, Schnecken und Tintenfische

Riesenmuscheln haben oft wunderschöne Farben

Manche Arten können sehr groß werden, wie etwa diese Muschel in Asien, die mehr als einen Meter lang ist

Die Weichtiere, auch Mollusken genannt, haben besonders viele unterschiedliche Arten entwickelt. Sie haben jede Möglichkeit ausgenutzt, sich im Korallenriff zu spezialisieren, also besondere Aufgaben zu übernehmen. Dazu mussten sie dann auch immer ihren Körper anpassen. Manche haben zwei Schalen aus Kalk gebildet und sich dazwischen versteckt. Durch eine Röhre saugen sie Wasser an, um ihre Nahrung herauszusieben, und durch eine andere pumpen sie es wieder heraus. Das sind die Muscheln.

Eine kleine Gruppe dieser Muscheln hat diese Röhren zu einer riesigen Fläche vergrößert und angefangen, darin mikroskopisch kleine Algen zu züchten. Man nennt diese bunte Fläche Mantellappen, und diese Muscheln

Die Stachelauster saugt Wasser zwischen ihre welligen Lappen, um es zu filtern und Nahrung herauszusieben

Die Feilenmuschel kann sich mit einer Art Düsenantrieb in Sicherheit bringen.

strecken ihn den ganzen Tag dem Sonnenlicht entgegen, damit sich die winzigen Algenzellen vermehren können. Meist ist der Mantellappen wunderschön bunt, zum Beispiel blau. Wie Eule Xabi und ich es Dir schon bei den Korallen beschrieben haben, erhält auch die Muschel von den Algenzellen darin viel Nahrung. Sie wird also sozusagen von ihnen gefüttert. Und das gab diesen Muscheln die Möglichkeit, größer zu werden als andere – so groß, dass man sie Riesenmuscheln nennt.

Eine andere Art, die Feilenmuschel, hat viele feuerrote Fransen. Bei Gefahr kann sie sogar wegschwimmen. Das tut sie zum Beispiel, wenn ein Seestern in ihre Nähe kriecht. Dann wird es für sie gefährlich, weil manche Seesternarten Muscheln fressen. Seesterne haben viel Kraft in ihren Armen, um die zwei Schalen auseinanderzuziehen.

Die Feilenmuschel gerät in Panik, wenn sich ein solcher Feind nähert. Sie klappt dann ihre beiden Schalen ruckartig auf und zu, immer wieder. Das Zuklappen stößt jedes Mal einen Wasserstrahl aus, der sie fortbewegt. So ähnlich funktioniert ein Düsenantrieb. Weil der Seestern ziemlich langsam kriecht, kann die Muschel so entkommen.

Eine andere Gruppe der Weichtiere sind die Schnecken, die Du sicher aus dem Garten kennst, als Weinbergschnecke mit großem Gehäuse oder als

Keine Kriecher, sondern Springer

Auch Meeresschnecken können gute Springer sein: Viele Strombusschnecken vermögen sich mithilfe ihres Fußes hüpfend fortzubewegen.

Wer mag schon Fischskelett?

Eine Gruppe von Gehäuseschnecken hat ihr Schneckenhaus so geformt, dass es wie das Skelett eines toten Fischs aussieht. Wenn sie damit am Meeresboden liegen, wird ein Raubfisch sich nicht für sie interessieren, weil er kein Fischskelett fressen möchte.

Nacktschnecke, die gern Muttis Salat frisst, bevor er auf dem Teller landen kann. Im Meer gibt es noch weit mehr Schnecken als an Land, und vor allem haben sie neben raffinierten Anpassungen oft auch prächtige Farben entwickelt.

Nacktschnecken besitzen kein schützendes Gehäuse, in das sie sich bei Gefahr zurückziehen könnten. Dafür sind sie oft so giftig, dass sie niemand fressen mag. Das bunte Farbenkleid hilft vielen Arten, sich in ihrer ebenfalls bunten Umgebung zu tarnen und unentdeckt zu bleiben. Andere sind so gefärbt, dass Räuber genau wissen, dass es sich um ein giftiges Tier handelt.

Es mag unglaublich klingen, aber es gibt im Meer Schnecken, die Schnecken sammeln! Sie kleben die Schneckenhäuser auf ihr eigenes Gehäuse. Warum sie das tun, weiß man noch nicht genau. Forscher vermuten, dass die angeklebten Schneckenhäuser ihnen helfen, sich von der Wasserströmung nicht umwerfen zu lassen.

Eine andere Schneckenart sammelt Steine und klebt sie ebenso an ihr Gehäuse. Das dient sicher der Tarnung, denn von oben kann man gar manchmal gar nicht mehr erkennen, dass sich unter den Steinchen ein Schneckenhaus befindet.

Nacktschnecken verzichten auf ein Schneckenhaus und schützen sich meist mit Giften, die noch dazu schlecht schmecken

Gehäuseschnecken tragen ihr Schneckenhaus immer mit sich herum

Ganz besonders raffiniert sind die Kopffüßer oder Tintenfische. Sie sind gar keine Fische, obwohl sie so heißen. Wahrscheinlich hat man sie so genannt, weil sie schwimmen können. Auch sie zählen zu den Weichtieren, sind also mit Schnecken und Muscheln verwandt. Kraken gehören dazu, auch die Sepien.

Tintenfische können hervorragend sehen und sind sehr intelligent. Kraken können Form und Farbe ihres Körpers so gut an den Untergrund anpassen, dass man sie kaum noch entdeckt. Sepien sind sogar dazu in der Lage, sich durch Änderungen ihrer Farbmuster gegenseitig etwas mitzuteilen. Manchmal kann man sehen, wie sie langsam nebeneinander herschwimmen und farbige Wellenmuster über ihren Körper wandern lassen, um sich über irgendetwas zu verständigen.

Riesige Augen

Der Riesentintenfisch *Architeuthis* besitzt die größten Augen aller Lebewesen. Der Durchmesser seiner Augen kann bis zu 38 cm betragen. Das entspricht etwa dem Durchmesser einer Autofelge und ziemlich genau dem großen Kreis auf dieser Doppelseite!

Tintenfische wie Kraken gehören zu den besonders intelligenten Tieren im Riff. Sie sind mit Schnecken und Muscheln verwandt, auch wenn man ihnen das nicht ansieht.

Lederröhrenwürmer verstecken ihren Körper in einer selbst gebauten Wohnröhre, die aussieht, als wäre sie aus Leder. Mit ihren vielen Stummelbeinchen laufen sie darin vor und zurück, um die Tentakelkrone herauszustrecken oder zurückzuziehen. Eines dieser Würmchen hat seine Röhre an eine Glasscheibe meines Aquariums gebaut, sodass Du hineinsehen und seine winzigen Stummelbeinchen erkennen kannst (Bild oben).

Ringelwürmer

Klar, Würmer sind nicht jedermanns Sache. Bestimmt kennst du Regenwürmer, die nach dem Regen aus der Erde gekrochen kommen, um nicht zu ertrinken. Die sind eigentlich weder hübsch noch auf Anhieb sympathisch – auch wenn sie für den Boden unheimlich wichtig sind! Im Meer gibt es enge Verwandte: die Borstenwürmer.

Für den Fall, dass Du Würmer nicht besonders magst: Es gibt noch ganz andere, die eigentlich gar nicht wie Würmer aussehen, sondern eher wie Blumen. Solche Arten sind wirklich wunderschön. Sie haben einen dünnen, langen Stiel, und oben drauf sitzt etwas, das wie eine Blüte aussieht. In Wirklichkeit handelt es sich dabei aber eben um Würmer mit winzigen Stummelbeinchen. Damit laufen sie in ihrer selbst gebauten Wohnröhre vor und zurück. Sie heißen Röhrenwürmer.

Die „Blüte" ist ein Werkzeug, mit dem sie kleine Nahrungspartikel aus dem Wasser fangen, die mit der Strömung vorbeitreiben. Man nennt diese „Blüte" Tentakelkrone. Wenn man diese Röhrenwürmer stört, ziehen sie die Krone blitzschnell zurück in die sichere Wohnröhre. Dazu laufen sie mit ihren Beinchen ganz fix tiefer in die Röhre hinein. Erst wenn sie davon überzeugt sind, dass keine Gefahr mehr lauert, schieben sie die Tentakelkrone wieder langsam heraus, und das sieht dann aus, als würde sich eine Blüte öffnen.

Manche Röhrenwürmer haben sogar zwei Tentakelkronen, die wie winzige, bunte Weihnachtsbäume aussehen. Es gibt sie in unterschiedlichen Farben wie Rot, Blau, Orange oder Gelb, und manche sind auch gemustert. Du siehst also, auch Würmer können wunderschön sein ...

Borstenwürmer aus dem Korallenriff gehören zu den Ringelwürmern und sind sogar mit Regenwürmern verwandt

Kalkröhrenwürmer sind meist besonders bunt. Was Du hier von ihnen siehst, ist die Tentakelkrone. Damit fangen sie Nahrung aus dem Meerwasser. Ihre Wohnröhre haben sie in die Steinkoralle hineingebaut.

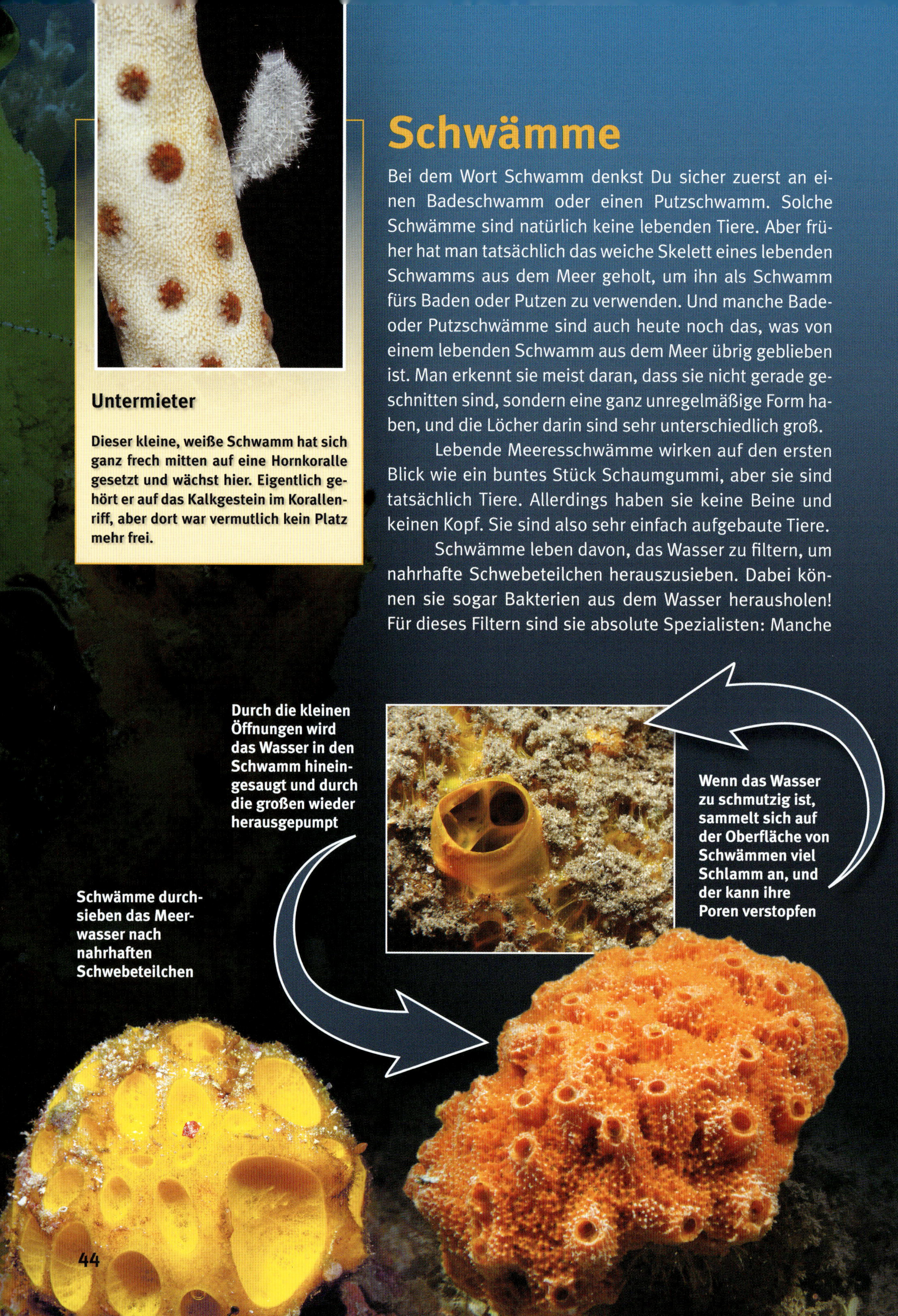

Schwämme

Bei dem Wort Schwamm denkst Du sicher zuerst an einen Badeschwamm oder einen Putzschwamm. Solche Schwämme sind natürlich keine lebenden Tiere. Aber früher hat man tatsächlich das weiche Skelett eines lebenden Schwamms aus dem Meer geholt, um ihn als Schwamm fürs Baden oder Putzen zu verwenden. Und manche Bade- oder Putzschwämme sind auch heute noch das, was von einem lebenden Schwamm aus dem Meer übrig geblieben ist. Man erkennt sie meist daran, dass sie nicht gerade geschnitten sind, sondern eine ganz unregelmäßige Form haben, und die Löcher darin sind sehr unterschiedlich groß.

Lebende Meeresschwämme wirken auf den ersten Blick wie ein buntes Stück Schaumgummi, aber sie sind tatsächlich Tiere. Allerdings haben sie keine Beine und keinen Kopf. Sie sind also sehr einfach aufgebaute Tiere.

Schwämme leben davon, das Wasser zu filtern, um nahrhafte Schwebeteilchen herauszusieben. Dabei können sie sogar Bakterien aus dem Wasser herausholen! Für dieses Filtern sind sie absolute Spezialisten: Manche

Untermieter

Dieser kleine, weiße Schwamm hat sich ganz frech mitten auf eine Hornkoralle gesetzt und wächst hier. Eigentlich gehört er auf das Kalkgestein im Korallenriff, aber dort war vermutlich kein Platz mehr frei.

Durch die kleinen Öffnungen wird das Wasser in den Schwamm hineingesaugt und durch die großen wieder herausgepumpt

Wenn das Wasser zu schmutzig ist, sammelt sich auf der Oberfläche von Schwämmen viel Schlamm an, und der kann ihre Poren verstopfen

Schwämme durchsieben das Meerwasser nach nahrhaften Schwebeteilchen

Schwämme, die so groß sind wie deine Faust, können pro Minute bis zu zwei Liter Meerwasser durch ihren Körper hindurchpumpen und reinigen. Das ist so viel wie zwei große Tüten Milch!

Große Schwämme filtern auf diese Weise viele Tausend Liter Wasser am Tag. Sie machen das, indem sie das Wasser durch unzählige winzig kleine Öffnungen auf ihrer ganzen Oberfläche hineinsaugen, leckere Schwebestoffe festhalten und das saubere Wasser durch die großen Öffnungen wieder herauspumpen.

Das Filtrieren der Schwämme funktioniert aber nur, wenn nicht zu viele grobe Schwebestoffe im Wasser sind, die sonst ihre feinen Öffnungen verstopfen. Solche Schwämme erkennt man dann an einer dicken Schmutzschicht auf ihrer Oberfläche.

Aber für jedes Problem gibt es eine Lösung. In diesem Fall ist es ganz einfach: Manche Schwämme haben kleine „Putzfrauen“: winzige Seegurken, die auf ihrem Körper leben und ihn sauber machen. Dazu haben sie an ihrem Kopf klebrige Tentakel, an denen die groben Schwebestoffe hängen bleiben. Sie kriechen überall über die schmutzigen Schwämme, sammeln die Schmutzteilchen ein und fressen sie. Das ist für die Schwämme gut, weil sie dadurch sauber werden. Und den Seegurken hilft es auch, denn sie haben etwas zum Fressen.

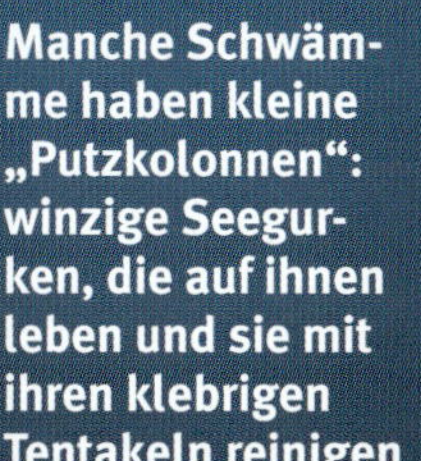

Manche Schwämme haben kleine „Putzkolonnen“: winzige Seegurken, die auf ihnen leben und sie mit ihren klebrigen Tentakeln reinigen

Unten haben ein gelber und ein orangefarbener Schwamm zusammen einen Stein überwachsen und leben dort gemeinsam mit einer braunen Weichkoralle. Ganz unten siehst Du eine Seegurke um den Stein herumkriechen.

Reserve-Kugeln für schwere Zeiten

Manche Schwämme vermehren sich, indem sie kleine Kugeln mit ruhenden Schwamm-Zellen bilden. Diese sind sehr widerstandsfähig, und wenn die Lebensbedingungen für den Schwamm einmal so schlecht sind, dass er nicht überleben kann, sind diese Kügelchen immer noch da. Sobald die Bedingungen wieder besser sind, wachsen sie zu neuen Schwämmen heran.

Lebensgemeinschaften

Das Korallenriff ist ein bisschen wie eine Stadt, in der viele Tausend Menschen leben. Die Menschen teilen die einzelnen Aufgaben unter sich auf, und jeder tut das, was er am besten kann: Der eine wird Bäcker und backt die Brötchen, der andere wird Arzt und behandelt die Kranken. Dabei nützt man sich auch gegenseitig: Der Bäcker macht den Arzt satt, und der Arzt macht den Bäcker gesund, wenn der mal krank ist. So ähnlich ist das auch im Korallenriff: Die Tiere, die dort leben, sind sehr unterschiedlich und ergänzen sich so gut, dass sie regelrecht aufeinander angewiesen sind.

Dafür können sich die Fische zwischen den Ästen vieler Korallen verstecken oder zwischen den Tentakeln einer Seeanemone. Manche Fische wie die Clownfische wohnen sogar in einer Koralle oder einer Seeanemone und verteidigen sie auch, wenn sie jemand anbeißen will.

So klein diese Fische auch sind, Du solltest sie nicht unterschätzen. Wenn jemand der Seeanemone eines Clownfisch-Pärchens etwas zuleide tun will, können die „Clowns" ganz schön ungemütlich werden. Wenn es sein muss, werden sie dann zu richtigen kleinen Raufbolden und treiben sogar große Fische in die Flucht.

Dafür bedankt sich die Seeanemone, indem sie den Clownfisch zwischen ihren giftigen Tentakeln wohnen lässt. Dort kann er sich prima verstecken, wenn ihn selber jemand fressen will. Für ihn sind die Tentakel nämlich nicht giftig, für fast alle anderen schon. Wenn eine Seeanemone Clownfische beherbergt, nennt man sie Wirtsanemone. Eine solche Lebensgemeinschaft heißt Symbiose. Dieses Wort ist aus dem Griechischen hergeleitet und bedeutet „Zusammenleben".

In ähnlicher Weise nützen sich die Tiere im Riff oft gegenseitig und arbeiten zusammen wie die Zahnrädchen einer Maschine. Überall haben sich

Das bekannteste Beispiel für Lebensgemeinschaften im Meer kennst Du ja schon: Die gestreiften Clownfische leben in ihrer Seeanemone. Diese hier haben bereits viele Eier gelegt, aus denen bald Jungfische schlüpfen.
Im Bild oben erkennst Du schon ihre silbrigen Augen.

ganz unterschiedliche Tiere zusammengetan, weil jeder von ihnen irgendetwas besonders gut kann und etwas anderes nicht so gut. Und das kann der andere dann besser. Solche Symbiosen nennt man in der Fachsprache der Biologen, also der Lebenswissenschaftler: „Mutualismus". Dieses Wort bedeutet, dass jeder der Partner dabei einen Vorteil hat. Das kannst Du Dir ein bisschen so vorstellen wie Mensch und Hund: Der Mensch ernährt den Hund, und der Hund beschützt den Menschen. Es gibt viele solcher Gemeinschaften im Korallenriff, und ein paar weitere davon möchten wir Dir nun vorstellen.

Der Knallkrebs hält mit seinem Fühler stets Kontakt zur Wächtergrundel. Während der Krebs gräbt, beobachtet der Fisch sorgfältig die Umgebung.

Knallkrebs und Wächtergrundel

Die Knallkrebse, die Eule Xabi und ich auf Seite 36 beschrieben haben, können unheimlich gut graben. Sie buddeln unentwegt an ihrer Wohnhöhle herum, um im Boden etwas Fressbares zu finden. Aber dabei können sie natürlich nicht immer nach Räubern Ausschau halten. Darum haben sie sich mit bestimmten Fischen zusammengetan. Die tun den ganzen Tag nicht viel mehr, als vor der Wohnhöhle der Krebse zu sitzen. Dabei halten sie zum einen Ausschau nach vorbeitreibendem Plankton, das sie fressen können. Zum anderen aber achten sie dabei auch sehr wachsam, ob sich Feinde nähern. Sie heißen darum Wächtergrundel.

Stets hält der Knallkrebs mit einem seiner langen Fühler Kontakt zur Grundel, wie Du oben sehen kannst. Wenn irgendwann „dicke Luft" ist, zum Beispiel weil plötzlich ein Schatten auftaucht (das könnte ja ein großer Raubfisch sein!), dann huscht der Fisch blitzschnell in die Höhle, die der Knallkrebs gegraben hat. Der Krebs merkt das mit seinem Fühler sofort und verschwindet genauso schnell.

Algenfresser

Viele Korallenfische fressen Algen und verhindern dadurch, dass solche Algen die Korallen überwachsen können – dadurch würden die Korallen absterben. Was die Fische nach dem Verdauen der gefressenen Algen ausscheiden, das filtern viele Korallen, Schwämme und andere dann als Nahrung aus dem Wasser heraus. So sind Fische für Korallen sehr nützlich.

Dieser Borsten-zahn-Doktorfisch lässt sich genüsslich von zwei Putzerfischen pflegen, damit es ihn nirgendwo juckt

Der Knallkrebs hat durch das Zusammenleben also den Vorteil, dass er nicht so wachsam sein muss, sondern sich ganz auf seine Grabarbeit konzentrieren kann. Der Fisch dagegen hat den Vorteil, dass er keine eigene Höhle ausheben muss, sondern in der Krebs-Höhle mitwohnen darf. Und die Wächtergrundel hat sogar noch einen weiteren Vorteil: Wenn nachts heimlich ein hungriger Fangschreckenkrebs in die Höhle eindringt, um sie zu fressen, wird er vom Knallkrebs verjagt.

Eine Putzstation im Meer

Eine Lebensgemeinschaft fasziniert mich beim Tauchen im Korallenriff immer ganz besonders. Ich kann dann gar nicht mehr aufhören, sie zu fotografieren. Ich spreche von der Putzsymbiose. Fische können sich nicht kratzen, wenn es mal irgendwo juckt, das ist klar. Und darum tut es einfach ein anderer Fisch für sie, der Putzerfisch. Er sucht auf der Haut vieler Fische nach winzigen Tierchen, die sich dort festgesetzt haben und sie plagen.

Der Putzerfisch hat sich auf diese Arbeit spezialisiert und macht seine Aufgabe besonders gut. Dadurch haben all die anderen Fische einen Vorteil. Aber auch für ihn selbst ist das nützlich, denn er frisst die Plagegeister von der Haut seiner „Kunden“. So hat jeder etwas davon – außer den Plagegeistern natürlich ...

Auch andere Tiere können putzen. Du erinnerst Dich sicher an die Putzergarnelen, die wir Dir auf Seite 37 gezeigt haben, oder an die kleinen, weißen Seegurken, die bei den Schwämmen erwähnt wurden.

Um ganz sicherzugehen, hat dieser Einsiedlerkrebs sich eine giftige Seeanemone auf das Schneckenhaus gesetzt, in dem er wohnt – man kann ja nie wissen ...

Einsiedlerkrebs mit Seeanemonen

Einsiedlerkrebse hast Du ja schon kennengelernt. Das sind die Krebse, die sich zum Schutz ein leeres Schneckenhaus suchen und ihr Hinterteil dort hineinstecken. Bei Gefahr können sie sich dann ganz tief in das Gehäuse zurückziehen, sodass die meisten Räuber sie nicht erwischen. Aber manche Einsiedlerkrebse sind noch etwas raffinierter: Sie pflanzen sich kleine Seeanemonen mit giftigen Tentakeln auf ihr Schneckenhaus, weil die einen Räuber noch gründlicher abwehren können.

Das Lustige ist, dass diese Krebse ihre Seeanemonen sogar mitnehmen, wenn sie ihr Schneckenhaus einmal wechseln müssen. Dann trennen sie jede einzelne vorsichtig vom alten Haus ab und setzen sie auf das neue.

Die kleinen Seeanemonen haben den Vorteil, dass der Krebs sie jeden Tag mitnimmt, wenn er auf Nahrungssuche geht. Dabei fällt nämlich auch etwas für sie ab.

Die Boxerkrabbe

Es gäbe natürlich noch unzählige weitere Lebensgemeinschaften aus dem Korallenriff, die wir hier aufzählen könnten, aber dafür reicht der Platz nicht aus. Eine müssen wir Dir aber unbedingt noch vorstellen, weil sie unglaublich faszinierend ist.

Sicher erinnerst Du Dich an die Seeanemone, die giftige Tentakel hat, und dass sich Clownfische fast als Einzige dazwischen tummeln können und somit vor Räubern sicher sind. Einen ähnlichen Trick verwendet die Boxerkrabbe. Auch sie schützt sich mit Seeanemonen vor Fressfeinden. Nur wählt sie nicht eine riesig große Seeanemone, in die sie hineinschlüpfen könnte wie ein Clownfisch, und auch nicht die kleineren, wie sie der Einsiedlerkrebs auf sein Schneckenhaus setzt.

Die Boxerkrabbe sucht sich noch kleinere, die sie mit ihren Scheren festhalten kann. Wenn jemand sie bedrängt, dann schwingt sie beide Seeanemonen im Wasser hin und her wie ein Boxer seine Fäuste, um den Gegner abzuwehren. Ist das nicht ebenso beeindruckend wie ulkig?

Die kleinen Seeanemonen haben von der Lebensgemeinschaft auch Vorteile. Ihre Boxerkrabbe beschützt sie und trägt sie herum. Wenn die Krabbe frisst, fällt für die Seeanemonen auch immer etwas ab. Und sollte es für die kleinen Seeanemonen einmal wirklich brenzlig werden, weil ein Räuber sie fressen will, huscht die Boxerkrabbe schnell in eine enge Spalte im Gestein und nimmt sie mit.

Boxerkrabben verteidigen sich mit zwei winzigen Seeanemonen, die sie mit ihren Scheren festhalten. Ihr ganzes Leben lang tragen sie diese beiden Tiere mit sich herum. Das Boxerkrabbenweibchen auf dem Foto hütet am Bauch orange Eier, aus denen einmal Krabbenbabys schlüpfen werden.

Kleine Porzellankrabben fühlen sich nur sicher, wenn sie in einer Seeanemone sitzen

Tischgenossen

Zuvor hast Du Lebensgemeinschaften kennengelernt, bei denen beide Partner einen Vorteil vom Zusammenleben haben. Im Korallenriff gibt es aber auch viele Gemeinschaften, die nur einem der beiden Partner nützen, den anderen aber nicht stören. Tiere, die sich einen solchen Partner suchen, nennt man Tischgenossen. In der Fachsprache der Biologen heißen sie „Kommensalen".

Ein Beispiel dafür sind die hübschen Hohlkreuzgarnelen, die immer ihr Hinterteil ganz heftig schaukeln, wenn sie aufgeregt sind. Sie suchen sich eine giftige Seeanemone als Lebenspartner, und wenn sie keine finden, eine Koralle. Die Garnelen sind dadurch geschützt, dass Seeanemonen und Korallen Nesselgifte haben, die einem räuberischen Fisch bei Berührung Schmerzen verursachen. Aber die Seeanemone oder Koralle hat nichts von diesem Zusammenleben, denn die Garnelen sind viel zu winzig, um ihren Partner zu verteidigen. Aber es stört die Seeanemonen und Korallen auch nicht, wenn ein paar kleine Garnelen zwischen ihren Tentakeln oder Polypen leben, denn sie schaden ihr ja nicht.

Die Hohlkreuzgarnele lebt am liebsten in einer Seeanemone oder, wie hier, auf einer Steinkoralle

Ähnlich ist das mit den zauberhaften Porzellankrebsen, die Du auf Seite 34 kennengelernt hast und die immer mit ihren zwei kleinen „Fangnetzen" nach Plankton fischen, um sich davon zu ernähren. Sie leben am liebsten zwischen den giftigen Tentakeln einer Seeanemone und lassen sich von ihr schützen, ohne im Gegenzug etwas dafür zu tun.

Fiese Parasiten

Ein gutes Beispiel für Parasiten sind die winzig kleinen Pyramidenschnecken, die auf Riesenmuscheln sitzen. Tagsüber verstecken sie sich vor hungrigen Schneckenräubern unter dem großen, bunten Mantellappen der Muschel, und die ganz Ängstlichen von ihnen kriechen sogar unter die Schale. Aber nachts, wenn die Feinde der Schnecken schlafen, trauen sie sich heraus. Sie kommen nach oben und stechen ganz frech ihren Saugrüssel in den Mantellappen der Muschel. Dann saugen sie etwas von ihren Körpersäften heraus, um sich davon zu ernähren – so ähnlich, wie Du das von Stechmücken oder Zecken an Land kennst.

Pyramidenschnecken sind winzig klein. Ihr Gehäuse ist nur ungefähr vier Millimeter lang. Darum war es für mich ganz besonders schwierig, sie mitten in der Nacht im Dunkeln beim Saugen zu fotografieren. Aber weil sie so klein sind, fügen sie der Muschel auch nur wenig Schaden zu, sodass sie mit den Plagegeistern meist gut zurechtkommt. Solche Lebensgemeinschaften bezeichnet man als in der Biologen-Fachsprache als „Parasitose".

Diese vier Millimeter lange Pyramidenschnecke sticht mitten in der Nacht ganz frech ihren Saugrüssel in den Mantellappen der Riesenmuschel, um von ihren Körpersäften zu trinken. Solche Tiere, die auf Kosten anderer leben, nennt man Parasiten.

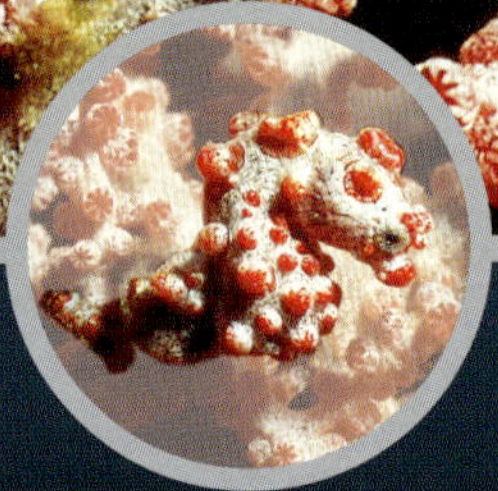

Findest Du das 15 Millimeter kleine Pygmäen-Seepferdchen? Es ist der roten Koralle so ähnlich geworden, dass man es kaum noch erkennen kann. Schau mal genau in der Mitte!

Verwechselung erwünscht!

Mit der Mimese versucht ein Tier immer, so auszusehen, dass man es für etwas ganz anderes hält, zum Beispiel ein Algenbüschel, eine Koralle oder einen Schwamm. Meist sind dann auch solche Algenbüschel, Korallen oder Schwämme in der Nähe, sodass das Tier dazwischen nicht auffällt.

Erstaunliche Tricks

Um als Krebs, Fisch oder anderes Tier im Korallenriff zu überleben, muss man sehr einfallsreich sein, denn sonst wird man bald gefressen. Darum haben die Tiere Tricks entwickelt, die ungeheuer raffiniert sind. Zwei davon heißen „Mimese“ und „Mimikry“, und die möchten Eule Xabi und ich Dir jetzt vorstellen.

Mimese: Tarnung

Schauen wir uns zuerst die Mimese an. Darunter versteht man, dass ein Tier seine Farbe und oft auch seine Körperform perfekt an die Umgebung angepasst hat. Dadurch können Feinde oder Beutetiere solche Tarnkünstler nur schwer erkennen.

Das tollste Beispiel für Mimese sind die Pygmäen-Seepferdchen. Sie leben in einer gelben oder roten Weichkoralle. So fantastisch haben sie sich an diese Koralle angepasst, dass ich sie im Meer überhaupt nur

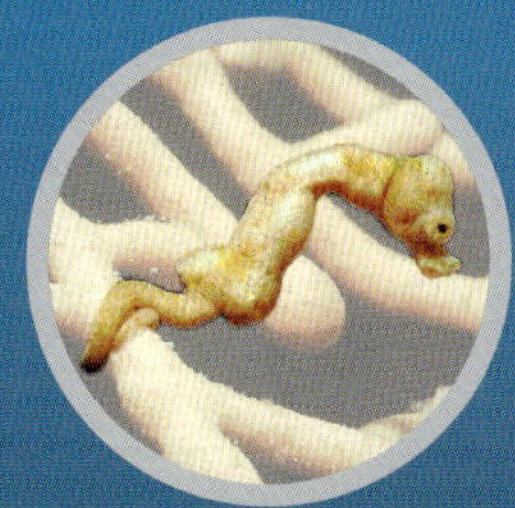

Auch dieses zwölf Millimeter winzige Pygmäen-Seepferdchen hat sich unglaublich an seine Wohnkoralle angepasst. Man kann es leicht übersehen.

dann finden konnte, wenn ich in ihrer Wohnkoralle mehrere Minuten lang gezielt nach ihnen suchte. Sie sind lediglich 15 bis 20 Millimeter groß, also winzig klein. Und sie machen sich so perfekt „unsichtbar", dass sie lange Zeit hindurch kein Mensch auf der Welt entdeckte. Man wusste bis vor wenigen Jahren also gar nicht, dass es sie gibt. Auch heute leben im Meer sicher noch weitere Arten von Pygmäen-Seepferdchen, die noch nie jemand gesehen hat. Erst irgendwann in der Zukunft werden sie vielleicht von einem Meeresforscher entdeckt – wenn sie nicht vorher aussterben, weil wir Menschen ihre Lebensräume verändern und zerstören ...

Diese beiden Spinnenkrabben sind richtige Tarnkünstler! Die eine hat ihren ganzen Körper mit Steinchen, kleinen Schwammstückchen und Seeanemonen beklebt, sodass sie kaum zu erkennen ist. Die andere hat dazu nur grüne Algen genommen und sie auf ihren ganzen Körper gepflanzt, wo sie weiterwachsen. Ohne das Dekorationsmaterial sehen die beiden Spinnenkrabben aber gleich aus, denn es ist dieselbe Krabbenart!

Ein Schneckenhaus, das keines ist

Ein Schneckenhaus? Nein! Es ist ein Skorpionsfisch, der Giftstacheln hat. So zusammengerollt sieht er aber eben wie ein Schneckenhaus aus, damit größere Räuber ihn nicht erkennen und er bewegungslos auf Beute warten kann. Wenn ein unvorsichtiges Fischchen in der Nähe seines Kopfs erscheint, reißt er ruckartig sein Maul auf und verschlingt es.

Mimikry: Warnen und Täuschen

Eine andere Strategie ist die Mimikry. Das ist der Versuch eines Tiers, für eine andere Art gehalten zu werden – fast so, als würde es sich im Karneval verkleiden.

Ein schönes Beispiel dafür ist der Mirakelbarsch mit seinem rabenschwarzen Körper und den vielen weißen Punkten. Er hält sich gern am Eingang seiner Höhle auf und bewacht dort seine Eier, aus denen einmal seine Jungen schlüpfen sollen. Wenn ihm jemand zu nahe kommt, dreht er sich blitzschnell um und zeigt seine hintere Körperhälfte, um dem Gegner Angst zu machen.

Zugegeben, das klingt nicht besonders gefährlich. Aber Du musst dazu wissen, dass zwischen seiner Bauchflosse und dem Schwanz ein langer Spalt ist, der wie ein Maul aussieht. Dadurch sieht der Mirakelbarsch wie der Kopf einer Perlmuräne aus. Die ist nämlich genauso schwarz und hat auch weiße Punkte. Muränen aber sind gefährliche Raubfische, und kaum jemand möchte sich mit ihnen anlegen. Dadurch also, dass der Mirakelbarsch mit seinem Aussehen eine Perlmuräne nachahmt, ist er vor Angriffen seiner Feinde geschützt. Damit man ihn auch wirklich für die Muräne hält, hat er auf seiner Rückenflosse noch einen großen, schwarzen Fleck mit weißem Rand, der wie ein Auge aussieht – eine wirklich überzeugende Abschreckung!

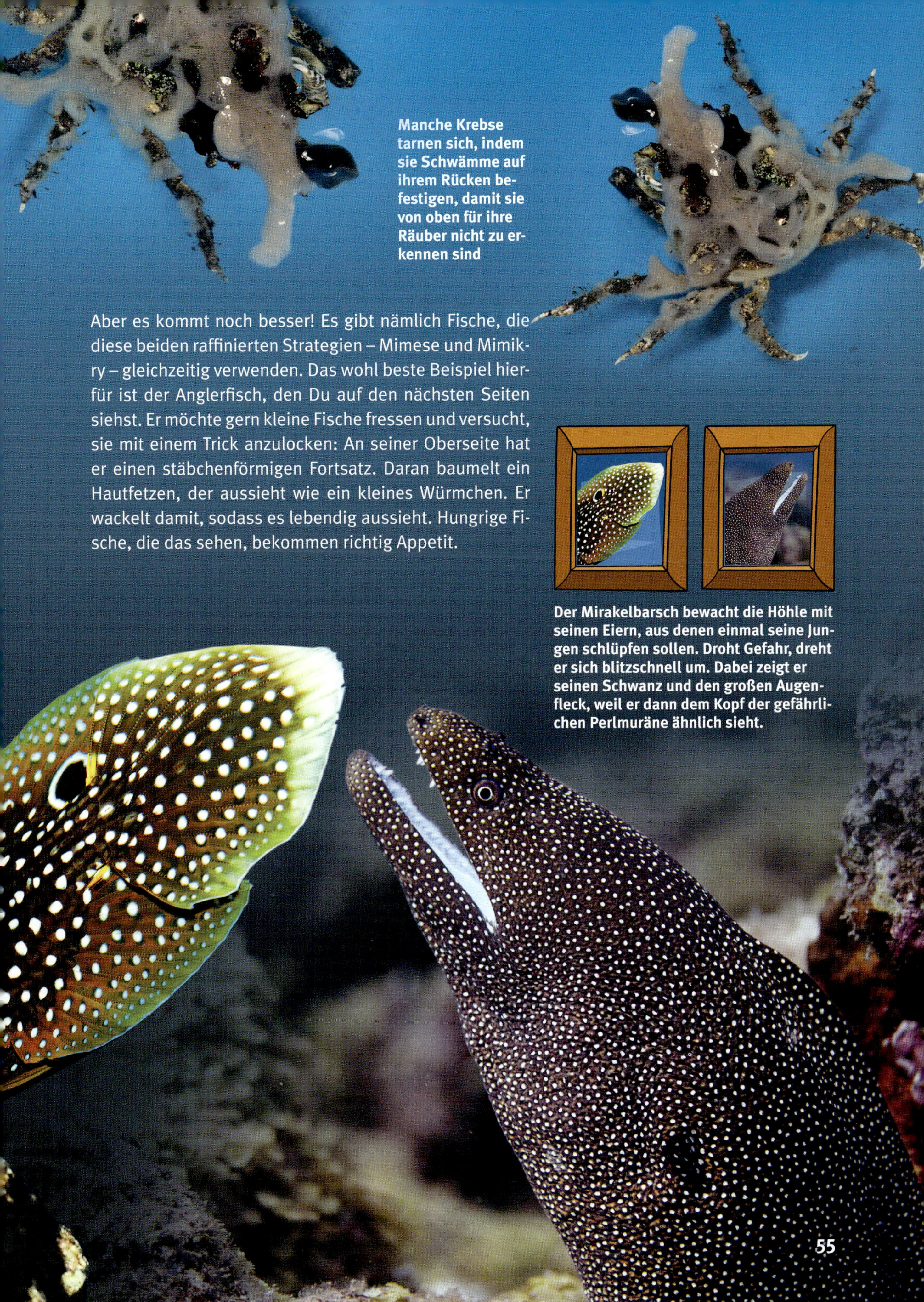

Manche Krebse tarnen sich, indem sie Schwämme auf ihrem Rücken befestigen, damit sie von oben für ihre Räuber nicht zu erkennen sind

Aber es kommt noch besser! Es gibt nämlich Fische, die diese beiden raffinierten Strategien – Mimese und Mimikry – gleichzeitig verwenden. Das wohl beste Beispiel hierfür ist der Anglerfisch, den Du auf den nächsten Seiten siehst. Er möchte gern kleine Fische fressen und versucht, sie mit einem Trick anzulocken: An seiner Oberseite hat er einen stäbchenförmigen Fortsatz. Daran baumelt ein Hautfetzen, der aussieht wie ein kleines Würmchen. Er wackelt damit, sodass es lebendig aussieht. Hungrige Fische, die das sehen, bekommen richtig Appetit.

Der Mirakelbarsch bewacht die Höhle mit seinen Eiern, aus denen einmal seine Jungen schlüpfen sollen. Droht Gefahr, dreht er sich blitzschnell um. Dabei zeigt er seinen Schwanz und den großen Augenfleck, weil er dann dem Kopf der gefährlichen Perlmuräne ähnlich sieht.

Ganz schön dreist!

Manche Anglerfische sind sogar so frech, dass sie ihr „Würmchen" an der Angel direkt in die Wohnhöhle eines Fischs hineinhalten. Dann wackeln sie damit hin und her, um ihn herauszulocken, damit sie ihn fressen können.

In Wirklichkeit – Du hast es dir sicher schon gedacht – ist das gar kein Wurm, sondern gehört zum Anglerfisch, denn es ist seine Angel. Wenn ein kleiner Fisch auf das „Würmchen" zuschwimmt, öffnet der Anglerfisch plötzlich sein riesiges Maul, das direkt darunter ist, und saugt die Beute hinein. Diesen Angeltrick nennt man Räubermimikry.

Der Anglerfisch lockt seine Beute mit einer Angel. Kannst Du sie erkennen?

Aber dieser Anglerfisch hat noch einen zweiten Trick auf Lager: Er muss natürlich immer ganz still sitzen bleiben und darf sich nicht verstecken, denn sonst können die kleinen Beutefische seine Angel ja nicht sehen. Dadurch könnten ihn aber größere Fische bemerken, die ihn fressen möchten. Damit das nicht passiert, haben sich die Anglerfische noch etwas ganz anderes einfallen lassen: Sie versuchen so auszusehen wie ein Schwamm – denn große Raubfische, die auf der Suche nach Beute sind, fressen keine Schwämme. Bei diesem Trick handelt es sich also um Mimese – was das ist, hast Du im vorigen Kapitel schon erfahren.

Für die großen Räuber sieht der Anglerfisch also aus wie ein Schwamm, der sie nicht interessiert, und für die kleinen Fischlein wirkt sein Körperanhängsel wie ein leckeres Würmchen, das sie anlockt.

Dieser Anglerfisch tarnt sich vor Räubern dadurch, dass er wie ein Schwamm aussieht. Erkennst Du Maul und Augen?

Dieses früher farbenprächtige Riff hat seine Farben verloren, die meisten Korallen sind ausgebleicht

Gefahr für die Korallenriffe!

Die Korallenriffe der Welt sind in großer Gefahr. Unterschiedliche Probleme haben dazu geführt, dass die meisten Riffe schwer geschädigt sind. Viele sind sogar schon völlig zerstört. Wir alle müssen viel dafür tun, dass die restlichen Riffe überleben können.

Eine Ursache für das Sterben von Riffen ist die Umweltverschmutzung: Viele Gifte und Mikroplastik, beispielsweise aus der Landwirtschaft und der Industrie, gelangen mit den Flüssen ins Meer.

Ein weiterer Grund ist der zunehmende Fischfang. Weil es immer mehr Menschen auf der Welt gibt, wird auch immer mehr Nahrung gebraucht, um alle satt zu machen. Aus diesem Grund fängt man im Meer eben immer mehr Fische. Einerseits werden die Fangmethoden effektiver, sodass mehr Fische in die Netze gehen. Aber andererseits werden manche der Fangmethoden rücksichtsloser. Dadurch wird in den Korallenriffen immer mehr Schaden angerichtet. Dazu gehören zum Beispiel der Fischfang mit Schleppnetzen, Gift und sogar Sprengstoff.

In der Natur ist alles voneinander abhängig, weil alle Tiere auf irgendeine Weise füreinander da sind. Fehlen plötzlich die kleinen Fische, dann verhungern die etwas größeren, die sich von ihnen ernähren. Bald sterben auch die ganz großen Fische vor Hunger, oder sie wandern ab.

Auf den Philippinen habe ich zum Beispiel Korallenriffe gesehen, in denen die Fischer alle algenfressenden Fische weggefangen hatten. Dort konnten die Algen dann ungehindert über die Korallen wachsen. Bald war das frühere Korallenriff nur noch eine Algenwüste. Dann hatten die Fischer auch nichts mehr zu essen, weil keine jungen Fische mehr heranwachsen konnten – die erwachsenen Fische waren ja alle im Suppentopf gelandet.

Doch die größte Gefahr für die Korallenriffe ist die Klimaverschiebung. Sie wird vom Menschen vor allem durch das Verbrennen von Kohle, Öl und Benzin ausgelöst. Dadurch entsteht das Gas Kohlendioxid, auch CO_2 genannt. Zu viel davon führt über den Treibhauseffekt dazu, dass die Erde sich durch Sonnenstrahlung stärker aufheizt. Das tötet die Korallen dann langsam ab. Und wie Du am Anfang des Buchs schon gelesen hast, verlieren wir mit jeder Steinkoralle auch einen CO_2-Speicher, der dieses Gas aus der Luft und dem Wasser wieder herausholt und festhält. Je mehr Steinkorallen absterben, umso schneller reichert sich dieses Gas dann in der Erdatmosphäre an und macht alles noch schlimmer.

Hier siehst Du eine Steinkoralle, die früher schöne Farben hatte. Inzwischen ist sie durch das Ausbleichen abgestorben, sodass nur das weiße Kalkskelett übrig ist.

Wie wir Korallenriffe schützen können

Statt Öl, Kohle und Benzin zu verbrennen, sollten wir Menschen lieber die Sonnenenergie nutzen, denn die ist unschädlich für Mensch und Tier. Stell Dir einmal vor: An einem einzigen Tag strahlt die Sonne so viel Energie auf die Erde, dass die gesamte Menschheit damit ihren Energiebedarf für ein ganzes Jahr decken könnte und kein Öl mehr verbrannt werden müsste!

Auch muss natürlich die Umweltverschmutzung verringert werden, damit die Meere wieder sauberer werden. Und das fängt mit den Flüssen an, denn die fließen ins Meer. Mit den Flüssen gelangen zum Beispiel große Mengen Plastik in die Meere, das dort zu Mikroplastik zerfällt. Mikroplastik sind kleinste Plastikteilchen – die werden dann von vielen Tieren gefressen. Dass das nicht gesund ist, hast Du Dir sicher schon gedacht.

Für die Fische im Meer müssen mehr Rückzugsgebiete geschaffen werden, in denen ihre Jungen geschützt aufwachsen können. Solche Zonen sind vor allem Korallenriffe und angrenzende Gebiete wie die Mangrovenwälder an den Meeresküsten. Zwischen den Stelzwurzeln der Mangrovenbäume können sich die Jungfische prima verstecken. Solche Regionen müssen nicht nur besser geschützt werden, sondern es müssen auch mehr davon zu Naturschutzgebieten erklärt werden, in denen niemand Fische fangen darf, damit sich die Fischbestände in den Meeren erholen.

Auch Korallen kann man züchten. Ich habe vor einigen Jahren selbst in Asien einige Korallenfarmen aufgebaut und mitgeholfen, die Methoden zu entwickeln, um Korallen zu vermehren. Es funktioniert prima, und man kann dadurch Tausende Korallen heranwachsen lassen, mit denen manch ein Korallenriff wieder gesünder werden kann.

Was kannst Du selbst tun, um die Korallenriffe zu schützen? Achte beim Schwimmen oder Schnorcheln im Meer darauf, dass keine Meerestiere geschädigt werden. Sammle auch keine Andenken, für die ein Tier sterben musste, etwa getrocknete Seesterne oder Seepferdchen. Und versuche, möglichst wenige Plastikartikel zu verbrauchen und wegzuwerfen. Ich gebe zu, damit allein kannst Du zwar die Korallenriffe nicht retten. Aber alles, was Du für die Korallenriffe tust, ist ein wichtiges Zeichen an alle anderen!

Hier prüft meine Tochter Melanie Steinkorallen in einer Korallenfarm in Florida in den USA. Sie hängen an großen Gestellen und wachsen, damit man gestorbene Korallen im Meer später einmal mit ihnen ersetzen kann.

In einer Korallenfarm kann man Steinkorallen vermehren, zum Beispiel um damit künstliche Korallenriffe anzulegen oder in natürlichen Riffen kleinere Schäden zu reparieren

Das 80.000-Liter-Riffaquarium von Joe Yaiullo in Long Island (Atlantis Marine World, New York, USA), in dem ich hier tauche, wurde vollständig mit kleinen Korallenstücken besetzt, die zu großen Korallen herangewachsen sind. Dieses gewaltig große Korallenriffaquarium ist ein fantastisches Erlebnis für jeden Naturfreund. Allerdings darf man es normalerweise nur von außen betrachten. Für mich hat Joe eine Ausnahme gemacht.

Melanie schaut täglich in ihr Nano-Meerwasseraquarium mit sechs Litern Inhalt und sieht nach dem Rechten

Petra Barg pflegt ihr Korallenriffaquarium mit Hingabe

Das Korallenriff-aquarium

Möchtest Du die Tiere aus dem Korallenriff besser kennenlernen? Das ist mit einem Korallenriffaquarium gar nicht schwer. Ich kenne eine Grundschulklasse in München, die ein solches Aquarium im Klassenzimmer pflegt. Man kann darin zum Beispiel Weichkorallen, Putzergarnelen und einige Korallenfisch-Arten halten. Diese Tiere wurden allesamt von anderen Aquarianern gezüchtet, sodass nichts aus der Natur entnommen werden musste. Und die Korallen wachsen so kräftig, dass die Kinder der Klasse selbst bald Teile davon an andere Aquarianer weitergeben können.

Die Klasse 3c der Berg-am-Laim-Grundschule in München ist stolz auf ihr Klassen-Meerwasseraquarium, das die Schüler zusammen mit ihrem Lehrer Christoph Keß pflegen

Ein solches Aquarium muss auch gar nicht groß sein. Auch ein kleines Becken, ein sogenanntes Nano-Riffaquarium, macht eine Menge Spaß, wenn man die richtigen Tiere hineinsetzt, die sich darin auch wohl fühlen. Mein kleinstes Riffaquarium, an dem ich viel Freude habe, fasst nur sechs Liter Wasser, mehr nicht!

Aber es geht natürlich auch sehr viel größer – so groß, dass es dein Taschengeld mit Sicherheit weit übersteigt. Das größte Korallenriffaquarium, das ich selbst gesehen habe, steht in Long Island bei New York in den USA, im „Atlantis Marine World“. Es fasst ganze 80 000 Liter Wasser. Und glaub mir: Darin zu schnorcheln war für mich ein unvergessliches Erlebnis – wie auch jeder Besuch in Korallenriffen irgendwo in der Welt ...

Dieses Korallenriffaquarium steht in meinem Büro, und alle Korallen darin sind aus winzig kleinen Bruchstücken herangewachsen, die aus anderen Aquarien stammten

Großes Korallenriff-Quiz

Du hast jetzt so viel über Korallenriffe gelesen, dass Du sicher schon ein richtiger Experte bist. Wenn Du magst, kannst Du einmal ausprobieren, wie viel Du Dir gemerkt hast: Lies Dir die folgenden Fragen durch und kreuze diejenigen Antworten an, die du für richtig hältst – am besten mit Bleistift. Manchmal ist nur eine Antwort richtig, manchmal aber auch mehrere. Auf Seite 64 findest Du die Lösungen.

1. Welches ist das größte Bauwerk der Welt, das man selbst vom Mond aus sehen kann?

a) Der Kölner Dom .... ●
b) Das Empire State Building in New York, USA .... ●
c) Das Große Barriereriff vor der australischen Küste .... ●

2. Wie heißen die Tiere, die das Skelett von Steinkorallen aufbauen?

a) Polypen .... ●
b) Proleten .... ●
c) Polyethylen .... ●

3. Womit verteidigen sich Korallen?

a) mit giftigen Nesselzellen .... ●
b) mit spitzen Stacheln .... ●
c) mit giftigen Tieren, die sie sich auf den Körper setzen .... ●

4. Wie nennt man das Steigen und Sinken des Wasserspiegels im Meer?

a) Hochwasser .... ●
b) Gezeiten .... ●
c) Tiefsee .... ●

5. Was bezeichnet man als Evolution?

a) eine Explosion im Meer .... ●
b) einen Protestmarsch der Korallenfische .... ●
c) die Entwicklung der Arten in der Natur .... ●

6. Warum braucht die Erde Korallenriffe?

a) Weil Steinkorallen mehr CO2 binden als irgendetwas sonst auf der Erde .... ●
b) Weil die Jungfische vieler Arten in Korallenriffen heranwachsen ...... ●
c) Weil sich die Schiffe ohne Korallenriffe verfahren würden .... ●

7. Welche Tiergruppen leben im Korallenriff?

a) Korallen .... ●
b) Röhrenwürmer .... ●
c) Silberfische .... ●

8. Wie nennt man Korallenfische, die ihre Babys im Maul tragen?

a) Maulhelden .... ●
b) Maulbrüter .... ●
c) Maul-Eltern .... ●

9. Wer brütet bei Seepferdchen die Eier aus?

a) die Mutter .... ●
b) der Vater .... ●
c) Die Eltern lassen die Eier von einer Seeanemone ausbrüten ...... ●

10. **Welche Tiergruppen gehören zu den Stachelhäutern?**

a) Seesterne .... ●
b) Seeigel .... ●
c) Seegurken .... ●

11. **Warum nennt man Knallkrebse auch Pistolenkrebse?**

a) Weil sie wie eine Pistole aussehen .... ●
b) Weil sie einen Wasserstrahl schießen können .... ●
c) Weil sie ihre Beute mit kleinen Steinchen erlegen, die sie nach ihr schießen .... ●

12. **Welche Tiergruppen gehören zu den Weichtieren?**

a) Muscheln .... ●
b) Schnecken .... ●
c) Tintenfische .... ●

13. **Wie bewegt sich ein Röhrenwurm in seiner Wohnröhre vor und zurück?**

a) Er schwimmt .... ●
b) Er springt .... ●
c) Er läuft auf winzigen Stummelbeinchen .... ●

14. **Wie sehen die Tentakelkronen mancher Röhrenwürmer aus?**

a) Wie Weihnachtsbäume .... ●
b) Wie Ostereier .... ●
c) Wie eine Silvesterrakete .... ●

15. **Wie ernährt sich ein Schwamm?**

a) Ein Schwamm ist kein Lebewesen und muss nichts fressen .... ●
b) Er filtert Schwebenahrung aus dem Meerwasser .... ●
c) Er fängt mit seinen winzigen Fangärmchen Beute .... ●

16. **Was versteht man unter einer Symbiose?**

a) Das Zusammenleben von zwei Korallenfischen .... ●
b) Das Zusammenleben verschiedener Tierarten zum beiderseitigen Vorteil .... ●
c) Das Entsorgen von Biomüll .... ●

17. **Was ist Mimese?**

a) Die Mehrzahl von Mimose .... ●
b) Das Ausbleichen von Steinkorallen .... ●
c) Körperform oder Färbung eines Tiers sind so geworden, dass es für ganz etwas anderes, Uninteressantes gehalten wird .... ●

18. **Warum putzen Putzerfische andere Fische?**

a) Sie mögen es gerne blitzblank in ihrer Umgebung .... ●
b) Sie ernähren sich von Plagegeistern und Hautresten .... ●
c) Sie bekommen dafür Geld von ihrer Kundschaft .... ●

17. **Was versteht man unter Mimikry?**

a) Tierkarneval im Korallenriff .... ●
b) den Versuch eines Tiers, für eine andere Art gehalten zu werden .... ●
c) den Hochzeitstanz zweier Seegurken .... ●

18. **Was ist die größte Gefahr für Korallenriffe?**

a) Der steigende CO2-Gehalt der Erdatmosphäre, der über den Treibhauseffekt .... ●
b) Ebbe und Flut .... ●
c) Der Ausbruch von Vulkanen .... ●

Lösungen zum Korallenriff-Quiz

1) c: Das Große Barriereriff vor der australischen Küste ist das größte Bauwerk der Erde.

2) a: Winzige Polypen bauen das Skelett von Steinkorallen auf.

3) a: Korallen verteidigen sich mit giftigen Nesselzellen.

4) b: Das Steigen und Sinken des Wasserspiegels im Meer nennt man Gezeiten.

5) c: Die Entwicklung der Arten in der Natur bezeichnet man als Evolution.

6) a, b: Wir brauchen Korallenriffe unter anderem, weil sie viel CO_2 binden und weil dort Jungfische heranwachsen.

7) a, b: Korallen und Röhrenwürmer leben im Riff – und noch unzählige andere Tiergruppen.

8) b: Korallenfische, die ihre Babys im Maul tragen, nennt man Maulbrüter.

9) b: Bei Seepferchen brütet der Vater die Eier in seiner Bauchtasche aus.

10) a, b, c: Seesterne, Seeigel und Seegurken gehören zu den Stachelhäutern.

11) b: Pistolenkrebse können einen Wasserstrahl schießen.

12) a, b, c: Muscheln, Schnecken und Tintenfische zählen zu den Weichtieren

13) c: Röhrenwürmer laufen auf winzigen Stummelbeinchen.

14) a: Die Tentakelkronen mancher Röhrenwürmer sehen wie Weihnachtsbäume aus.

15) b: Schwämme sind Tiere und filtern Schwebenahrung aus dem Meer.

16) b: Eine Symbiose ist, wenn zwei Tierarten zusammen leben und jeder davon einen Vorteil hat.

17) c: Mit Mimese tarnt sich ein Tier als Teil der Umgebung.

18) b: Putzerfische ernähren sich von Parasiten und Hautresten ihrer Kundschaft.

19) b: Mit Mimikry ahmt ein Tier ein anderes nach, das gefährlich ist.

20) a: Der steigende CO_2-Gehalt der Erdatmosphäre, der über den Treibhauseffekt zur Erderwärmung führt, ist die größte Gefahr für Riffe.

Entdecke die Reihe mit der Eule!

Entdecke die Eulen

Entdecke die Greifvögel

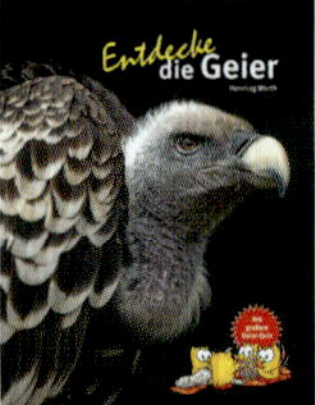
Entdecke die Geier

Entdecke die Rabenvögel

Entdecke die Spechte

Entdecke die Finken

Entdecke die Spatzen

Entdecke die Eisvögel

Entdecke die Zugvögel

Entdecke die Singvögel

Entdecke die Meisen

Entdecke die Kraniche

Entdecke die Störche

Entdecke Schwäne, Gänse & Enten

Entdecke die Möwen

Entdecke die Pinguine

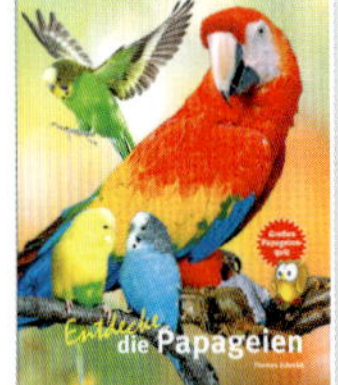
Entdecke die Papageien

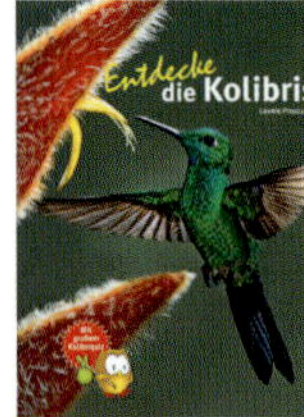
Entdecke die Kolibris

Entdecke die Fledermäuse

Entdecke die Hunde

Entdecke die Schafe

Entdecke die Kühe

Entdecke die Pferde

Entdecke die Esel

Entdecke die Igel

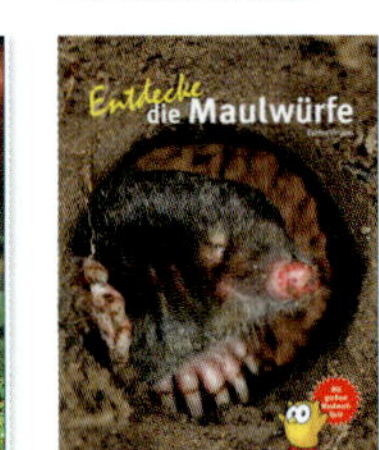
Entdecke die Maulwürfe

Entdecke die Waschbären

Entdecke die Biber

Entdecke die Otter

Entdecke heimische Wildtiere

Entdecke die Wölfe

Entdecke die Bären

Entdecke die Tiger

Entdecke die Menschenaffen

Entdecke Affen und Lemuren

Entdecke die Hyänen

Entdecke die Pandas

Entdecke die Elefanten

Entdecke die Nashörner

Entdecke die Giraffen

Entdecke die Erdmännchen

Natur und Tier - Verlag GmbH
An der Kleimannbrücke 39/41 · 48157 Münster

Telefon: 0251 - 13339-0 · Fax: 0251 - 13339-33
E-Mail: verlag@ms-verlag.de · www.ms-verlag.de